新时代　新发展　新思考

新时代城乡融合发展研究论集

谢华平◎编著

科学技术文献出版社
SCIENTIFIC AND TECHNICAL DOCUMENTATION PRESS
·北京·

图书在版编目（CIP）数据

新时代城乡融合发展研究论集 / 谢华平编著. —北京：科学技术文献出版社，2022. 3
ISBN 978-7-5189-8810-5

Ⅰ. ①新…　Ⅱ. ①谢…　Ⅲ. ①城乡建设—经济发展—中国—文集　Ⅳ. ① F299. 21-53

中国版本图书馆 CIP 数据核字（2021）第 263737 号

新时代城乡融合发展研究论集

策划编辑：孙江莉　责任编辑：崔灵菲　胡远航　责任校对：张永霞　责任出版：张志平

出 版 者	科学技术文献出版社
地　　址	北京市复兴路15号　邮编 100038
编 务 部	(010) 58882938，58882087 (传真)
发 行 部	(010) 58882868，58882870 (传真)
邮 购 部	(010) 58882873
官方网址	www.stdp.com.cn
发 行 者	科学技术文献出版社发行　全国各地新华书店经销
印 刷 者	北京九州迅驰传媒文化有限公司
版　　次	2022 年 3 月第 1 版　2022 年 3 月第 1 次印刷
开　　本	710 × 1000　1/16
字　　数	150千
印　　张	14
书　　号	ISBN 978-7-5189-8810-5
定　　价	56.00元

序

城乡统筹融合发展是解决好“三农”问题、实现城乡发展一体化的重要途径，是全面建设社会主义现代化国家的重要战略。建立健全城乡融合发展的体制机制和政策体系是党的十九大做出的重要部署。《中共中央关于制定国民经济和社会发展第十四个五年规划和二〇三五年远景目标的建议》提出，走中国特色社会主义乡村振兴道路，全面实施乡村振兴战略，强化以工补农、以城带乡，推动形成工农互促、城乡互补、协调发展、共同繁荣的新型工农城乡关系。

多年来，城乡统筹发展研究中心致力于城乡统筹问题理论与政策研究、“三农”与新农村建设信息研究、城乡一体化发展模式研究，投入了大量科研力量，通过深入各地调研，收集了宝贵的一手材料，研究创新亮点，总结经验模式，撰写了多篇学术价值较高的调研报告，并多次得到党和国家领导人、各地主要党政负责同志的重要批示。

在此基础上，为了更好地总结在乡村振兴和城乡融合发展方面的经验和探索，城乡统筹发展研究中心将近年来在全国各地开展的深入调查研究成果汇集出版。

本书有三大特点：一是站位服务新时代发展，从新时代的需求入手，体现服务新时代发展的政治背景和社会发展阶段；二是提供参考与指导，通过调查分析，总结有推广价值的经验或模式，为全面发展发挥重要的示范作用；三是聚焦创新创造，深入挖掘各地各行业的新探索，推动城乡自主创新发展。

本书精选39篇报告，涵盖宣传、党建、经济、文化、教育、科技、社会、康养等城乡发展领域的各个方面，作者均为城乡统筹发展研究中心课题组成员。本书根据党和国家关于新时代发展做出的一系列决策部署和要求，抓住发展中涌现的具有典型性、代表性的案例，聚焦行业内或领域内的疑难问题，深入分析成因，提出有针对性的、有理有据的建议，总结试点成效，提供可借鉴参考或宣传推广的新做法、新模式、新路径，为城乡融合发展发挥引领作用。

本书精选部分案例，难免挂一漏万，不能系统、全面地展示新时代中国城乡统筹融合发展方面的探索经验。希望本书能够抛砖引玉，吸引更多的人深入基层，将各地乡村振兴和城乡统筹发展的新做法、新经验收集起来，丰富中国乡村振兴的理论与实践。

是为序。

城乡统筹发展研究中心

2021年9月

目　录

第一章　新时代“三农”工作探索

江苏省江阴市周庄镇山泉村新农村建设见闻

【编者按】山泉村的新农村建设以农民为主体、从农民需求出发，依靠农民自身的力量发展农村，解决了工业化、城市化和市场化背景下农村工作中的矛盾和难题，真正体现了村民自治中的民主选举、民主决策、民主管理和民主监督，为新时期“三农”问题研究提供了扎实有效的数据支撑。全国政协副主席齐续春同志肯定了其成果，并做出了重要批示。

山泉村推进新农村建设的实践，为我们提供了一个落实和实践党的“三农”政策，依靠农民自身的力量，成功进行新农村建设的典型。

好村干部好队伍　圆农民梦的基础

山泉村紧邻著名的华西村和三房巷村，二者都是新农村建设的典范，也都是全国百强村。改革开放初期，山泉村与华西村和三房巷村一样，都抓住了机遇，取得了快速的发展。进入21世纪，改革不断深入，山泉村却停滞不前，甚至出现滑坡，在各个方面都逐渐落后于邻村的发展，淹没在江阴众多的明星村之中，成了名副其实的“洼地”，逐渐沉寂。山泉人不禁要问，为何邻村越强我越弱？如何在夹缝中求生存？山泉村究竟应该选择一条什么样的发展道路？

由于发展滞后，村委号召力逐渐减弱，整个村子犹如一盘散沙，党组织缺乏号召力，村民缺乏凝聚力。2007 年，当其他各村都顺利完成村“两委”班子换届选举时，唯独山泉村由于班子人选等复杂因素，只能延期改选。保留的老班子运行一段时间后，面貌非但没有改观，而且出现了更多的矛盾，村民反响强烈。山泉人都知道村里的顽疾，都在思进求变，关键是治愈这个顽疾的良医在哪里？良方是什么？

村委班子的无力、村民人心的涣散、村级经济的薄弱、村容村貌的落后……摆在山泉人面前的是一个百废待兴的村庄，而改变现状的出路最终还是要由山泉人自己来决定。

2009 年，山泉人用自己的双手“海选”出了新的带头人。一个叫李全兴的山泉人给山泉村带来了新的理念、新的变化。在他的带领下，山泉人以村民自治为切入点，以村民幸福为落脚点，找到了一条民主促民生、圆民幸福梦的新农村发展道路。

新举措　新农村建设树标版

新班子组建好了，目标方向明确了，怎么走是关键。2009 年以来，山泉村以基层民主建设为突破口，以民主促民生，以改革促发展，驶入了快速崛起的快车道。为改变原来村资产不明、家底不清、管理混乱的状况，山泉村成立了民主理财小组，实行民主理财制，围绕村级经济发展这条主线，开展清家底、理旧账、建新规、堵漏洞等一系列民主理财活动。

针对多年未对集体资产进行清理、家底不明的状况，民主理财小组在全村组织开展了全面清理集体资产专项行动，对村有资产进行全面账务核对，对企业用地重新核定并登记造册，对历史遗留下来的账面不实资产进行全面核实清理，并全面公开村级资产负债、村收支明细等情况。

针对之前村里收费不统一、不公平、难收缴等问题，民主理财小组统一制定资产租赁费、水电气使用费、资金使用费、上缴综合规费等标准，定期公开土地租金、房屋租金、资金使用费利息等各类上缴款项，企业间不搞特殊化、没有差异化，创造一个公开公正公平的发展环境，有效解决了原来企业缴费透明度低，有高有低，有松有紧，对应缴的费用能拖则拖、能欠则欠、能少交则少交等问题，保证了村级收入的有效增长。同时改变管理方式，更加注重在发展中优服务，在服务中强管理，在管理与服务中增效益。成立了山泉村经济实业总公司，以此为平台服务企业，利用闲散资金帮助村里的中小企业解决资金问题，又使村级资产得到了保值。

在强化制度建设的同时，山泉村也把作风建设贯穿到为民服务的具体工作中。山泉村成立了党员义工服务队和便民服务队，为村民提供用电、自来水维修、有线电视、电话、纠纷调解等服务。对村干部的服务还要进行监督考核，村民满意率高的，年终给予嘉奖；村民不满意的，村干部就要把位子让出来。

新农村建设的实践，改造了传统农民，培育了新型农民。村民们认清了自己的角色：每个人都是山泉人，每个人都是山泉村的主人。同时，也明确了自己的责任和义务，自觉地用村规民约来约束自己，民风自然地为之一变，形成了“以人为本，励精图治，坚韧不拔，追求卓越”的山泉精神和“顾全大局、风清气正、勤劳致富”的良好村风。

改善民生福祉　圆美丽乡村农民梦

山泉村对全村山河、田地、村庄和工厂所做的高标规划与重新布局，对生态环境的大力修复，对经济发展环境的大力优化，对村民居住条件、生活环境的大力改善，体现了新型城镇化和新农村建设的丰富内涵，体现了“中国梦”中亿万农民的“农民梦”追求的方向。

2009年以来，山泉村村级收入不断攀升，村民收入有效增加，新农村焕发出新的生机和活力。2010年，山泉村实现村级收入3585万元，比2008年增加1803万元，不仅化解了4700万元的村级债务，村民人均收入还一下跃升为周庄镇第3位。截至2014年年底，全村工业开票收入23亿元，村级收入6200万元，村级净资产达3.7亿元，村民人均净收入4.1万元。村级收入跃升至全市第5位。

山泉村把民主促民生的理念贯穿于村级发展建设之中，实践于村民的生活、工作之中，充分实行村民自治。通过村级股份合作制、村务公开制、村民代表议事制度、民主监督制，使村民真正当家做主。明确股份分红、村民福利制度，保障村民对集体资产的所有权、分配权、收益权。坚持做到凡是村民关心的，就必须进行公开，凡是村民想知道的，就必须让群众知道，保障村民的知情权。

截至2014年年底，山泉村投资3500万元建设的污水处理厂，除了处理企业工业废水外，还接管处理小区生活污水，处理后经中水回用系统再交由企业使用。全村村庄绿化率覆盖率达34.7%，使用太阳能等可再生能源的入户率已达94.21%。仅仅花了5年时间，山泉村投入大量的资金改善生态环境，绿化村庄，扎扎实实地开展农村环境卫生综合整治，就已基本建设成一个文明和谐的社会主义新农村。

改善民生福祉是国家梦想与民众期待的高度契合，在国家与个人之间产生共鸣共振，只有夯实了民生基石才能打通实现中国梦的路径，才能构筑起百姓的幸福梦。山泉村的经验充分说明最有效的乡村治理要从改善民生福祉开始。中央政策研究室、中央全面深化改革领导小组办公室原局长王念宁指出，山泉村以造福村民为主线、服务村民为首任，不断加强和创新村级社会管理，让全体村民在参与村级管理的过程中共建共享社会主义新农村建设的成果，有效破解了农村工作中的矛盾和难题，促进了村级经济的发展和农村社会的和谐，形成了新时期村级社会管理的“幸福样本”。

（文/谢华平　左志锐　李　荣）

江苏射阳创新“联耕联种”互助模式

【编者按】“联耕联种”互助模式是现代农业发展的新探索，是对家庭联产承包责任制的有效补充。既能解决农村人口外出劳动力短缺的现实问题，又保留了中国农村家庭户经营的长期性，实现家庭分散经营效益最大化。这种“稳定地权、协作经营”的规模化经营有利于进一步提升我国规模化经营水平，对于乡村振兴具有重要的示范意义和创新价值。

70岁的崇恩来大爷说：“以前耕一亩地要90元，隔三岔五就要打农药，我种了一辈子地，把我的地流转给别人，我心里不踏实，钱也太少，我两个小孩都在外打工，我们老两口愁每年收获季节怎么办？现在好了，耕一亩地才 75 元，农药、化肥都用少了，种子钱也少了，平时就到我自己的地里管理一下，收获时粮食有专门的服务社直接送到我家，粮食品种都统一，一亩地多收好几百斤，老板收购我的粮食，说质量好，一斤比原来多一角九分，我一亩地实际比原来多收入近 400 元。”

江苏射阳县以农委牵头、以村“两委”组织面广量大的分散农户，破除田埂，家庭合作，形成“多户一田”规模，不改变土地性质，不改变家庭经营主体，实现家庭分散经营效益最大化，一经推广就受到参与农户的一致认可，农民在自愿的基础上实行联耕联种，联管联收。这种方式创造了市场，激活了本地民间资本，农民无须额外投入资金，服务组织只要购买装备做好服务，推进了服务体系的快速构建。

2014 年盐城市推广面积 200 多万亩，中国农业大学、中国社科院等众多专家学者一致认为，联耕联种为“小岗模式”很好地打了“补丁”，解决了“统”“降”“增”3 个难题。“统”即统一品种、统一布局、统一经营，实现了农业集成技术的普遍运用；“降”即降低了家庭经营分散程度、降低了生产成本、降低了环境污染，实现了秸秆无一焚烧全量还田；“增”即土地增地力、粮食增产量、农民增收入，实现了变“大户赚”为“户户赚”的好模式。

射阳农委主任戴亚生说：“土地流转是引进了老板，赶走了群众，联耕联种是让农民把土地牢牢地掌握在自己手中，群众打工种田两不误，联产承包责任制解决了温饱问题，联耕联种破解了现代农业发展问题。”

中央农办调研指出，联耕联种有利于稳定和完善农村家庭经营制度，是土地不流转也可实现规模经营的新路子，更适合约占全国耕地近 1/3 的 6.2 亿亩平原宜耕耕地的传统农区。符合国家政策走向，有利于保障粮食安全，保护农民利益，门槛低、易组织、可复制、易推广，可以成为传统农区土地不流转而实现规模化经营的一条捷径。

国家小麦产业技术体系首席科学家肖世和认为，联耕联种是在生产实践中发现出来、专家总结出来的，我们将其提炼得更精练一些，上升到更高的层次，形成真知性的东西，在更大范围内对小麦产业的发展起到支撑的作用。

国家小麦产业技术体系产经研究室主任韩一军说，我国小麦种植面积 3.6 亿亩，若射阳的联耕联种模式能推广到全国的7000 万亩稻茬麦，保守估计提高全国小麦产量 4%，意义重大。

中国工程院院士程顺和说，农业部称我国小麦品质下降了，就是因为我们土地碎片化，千家万户一家种一个品种，企业也没办法，还不如直接使用进口的小麦，他们是成片种植的，所以我们提出要规模化种植，就需要土地集中，更需要标准化生产，联耕联种找到了分散农户规模化种植的好办法，其把好多问题都解决了。

中国社科院农村发展研究所宏观室主任党国英指出，以家庭农场制度为核心的现代农业经营体系终将在我国全面形成，在这个目标实现之前，江苏射阳县联耕联种，“稳定地权、协作经营”的规模化经营方式不失为一种稳妥、有效的农业发展路径。有利于提高我国农业人口稠密的粮食主产区的农业竞争力水平。应用联耕联种模式来进一步提升我国规模化经营水平，具有较为普遍的意义。

（文/谢华平　马　群　李　峰　韩一鸣）

传统农业转型推动退休劳动力再利用
——辽宁朝阳市居家养殖防止农村空心化

【编者按】“居家养殖养老”模式以传统农业为基础，以居家妇孺为主要劳动力，以现代农业为目标，将家庭农户纳入公司生产车间，将退休老人、居家妇女变为新型职业农民，并促使外出务工农民回乡二次创业，让农村老人居家养老成为可能，既增加了收入，又缓解了精神压力，有助于解决农村老龄化、空心化等深层问题，推动城乡一体化发展。

随着我国进入老龄化社会，国家养老金保值增值、社会保障系统压力激增。截至 2014 年年底，我国 60 岁以上人口达 2.12 亿，预计 2055 年达到顶峰，接近 4.5 亿。2015 年 11 月 16 日，财政部、人社部等联合发布 2014 年全国社保基金决算显示，17.2% 的支出明显高于 12.4% 的收入增幅。如何有效解决我国养老问题、缓解年轻人养老和社会保障系统压力迫在眉睫。

在传统农业向现代高科技农业转型的过程中，辽宁朝阳泓鑫农畜产品开发公司积极发挥退休老人余热，将农户圈舍纳入养殖基地管理，让已达到退休年龄的农村老人居家发展养殖，接近退休年龄的老人在农场就近种植，并以此为基础形成了种养结合、致富养老结合的现代化农业发展模式，带动部分青壮年农民回乡二次创业，既防止了农村空心化，又推动了新农村建设的步伐。

在规模化发展中，泓鑫公司以达到退休年龄的老人为基础，将劳动力逐步扩大到因照顾孩子在家上学的妇女，并与其签订合约免费为他们提供3～10头仔猪居家饲养，公司主要负责技术培训、饲料配方、防疫、档案管理等。农户饲养6个月后，公司按照相应市场标准统一收购，既带动了农民自主创业致富，又有效化解了农村达到退休年龄的老人老无所依、养老经费匮乏的困局。

退休劳动力再利用　居家养殖防止农村空心化

据新华社记者调查，在财政“紧日子”与人口老龄化叠加效应的影响下，养老保险基金收支不平衡的状况正在向全国多地蔓延。一些劳动力输出地区养老金收支状况进一步恶化，必须依靠转移支付和省级调剂金才能实现“保发放”。各级财政对养老金补助也存在不同程度力不从心，急盼中央养老保险顶层设计方案尽快出台。

有效解决我国养老问题、缓解社会保障系统压力迫在眉睫。有专家建议，应依法保障退休老年人劳动权益，鼓励有条件的老年人继续工作，并建立与之相配套的劳动、社会保险和税收制度，在实施全民参保计划的同时，要积极发挥传统农村地区“居家养老”的优势，使其成为全面建立可持续的社会养老保障制度的有益补充。

泓鑫公司在发展种养殖农业的过程中，积极鼓励60岁以上居家老人领养在公司基地出生后成长3个月、体重30～50斤的仔猪，并全部免费为农户提供饲料、技术，定期对养殖户圈舍进行检验检疫，对饲养猪仔进行病害预防。农户饲养半年后，泓鑫公司按照市场价格进行统一收购，之后再屠宰、加工销售。

泓鑫公司与农户密切合作，共同发展，目前已带动1600多户农民走上共同发展、共同致富的道路。2015年，已72岁高龄的辽宁省朝阳县七道岭乡元宝村老人孟庆生参加泓鑫公司养殖多年，他说："加入泓鑫，让我老汉走上了发家致富的道路。"

2012年雪灾来临时，泓鑫公司多处大棚面临随时被大雪压塌的风险。当地群众、基地工作人员自发汇集在大棚周围扫雪、除雪，一干就是两天两夜，没有一个人喊累，更没有一个人退出。辽宁省朝阳市龙城区联合镇山嘴村的杜学德说："帮泓鑫扫雪，实际上是在帮我们自己。"

2015年，61岁的杜学德之前和儿子同在辽宁盘锦一家公司打工，3年前回到老家，在泓鑫公司负责樱桃种植，杜学德说："自从泓鑫公司种植、养殖产业发展起来后，在服装厂打工的儿媳也回来了"。现在，杜学德和儿媳都在泓鑫公司上班，"能接送上小学的孙子，也能照顾生病的老伴"。

和杜学德同村的王志平和媳妇以前常年在外打工，孩子在山嘴村小学上学时常收到泓鑫公司捐赠的书包、校服。现在，照顾孩子上学的媳妇边带孩子边在泓鑫种植基地上班，王志平"空闲的时候，也来大棚干活"。

传统农业的现代转型　带动农民回乡二次创业

泓鑫公司创始人常艳军原为下岗职工。2004年，她积极创新创业，以"基地+农户"模式养鸡，把农户纳入规模化养殖生产环节，由基地提供雏鸡给周边农户饲养，实行统一管理、统一回收、统一销售，带动当地2000余户农民从事蛋鸡养殖。

随着养殖规模的扩大，资金成为制约常艳军规模化农村经济发展的主要因素。传统工业经济在遇到资金困难时，可以以土地、厂房作为抵押贷款，但向现代农业转型的企业，土地由农民手里流转而来，难以作为资产进行抵押贷款，规模化生产基地因评估标准不统一等原因，也难以作为资产抵押进行贷款。这导致企业转型融资十分困难。

2006 年，常艳军组建泓鑫公司，并组织成立朝阳市龙城区鑫丰园畜禽专业合作社，发起成立朝阳市龙城农事企业贷款联保公司，以“公司 + 基地 + 合作社 + 农户”为模式，提供资金给农民开始经营规模化养殖，专门解决农民圈舍改造等资金难题。

考虑到农户不懂养殖技术、没有管理经验、饲养品种落后等问题，泓鑫公司经过一段时间的探索研究，将农户圈舍、饲养环节纳入公司统一监管，定期安排技术员统一组织居家养殖老人、妇女开展饲养知识讲座，并上门专程进行个案指导，推行“八统一”管理。

为带动当地农民共同致富，泓鑫公司不断完善产业链条和购销网络，建成了既有农副产品生产、加工基地，又有购销网络的现代化大农业体系，形成了以企业为主导、家庭农户积极参与的规模化经营结构。目前，泓鑫公司已带动基地周围 16 个村 1600 多户农民从事生猪养殖。

以传统农业为基础，以居家妇孺为主要劳动力，以现代农业为目标，泓鑫公司积极创业创新，目前已成为集大棚种植、养殖带动、农产品深加工为一体的多元农业企业。其将家庭农户纳入公司生产车间，将退休老人、居家妇女变为新型职业农民，在发展循环农业、绿色农业的基础上，以产业为龙头，促使外出务工农业回乡二次创业，让农村老人居家养老成为可能，让空心化逐渐远离农村。

有关专家在认真研究后指出，泓鑫公司发挥夕阳老人余热、带动农村青壮年劳动力回归二次创业的做法，形成了人与自然的和谐共生的新格局，对解决现有“三农”问题、美丽中国建设将有较大推动作用，促进农业现代化取得明显进展，有效提高农村居家老人生活水平和质量。

首都经济贸易大学范围教授认为，在传统农业向现代农业转型的过程中，泓鑫公司以居家妇孺为基础、以基地为依托形成的大农业发展格局，在解决农村老人老无所依、养老资金匮乏、农村空心化问题的同时，将有利于城乡一体化发展，提高社会主义新农村建设水平。

（文/李　峰　马　群　韩一鸣　薛应军）

重庆忠县：以实际行动支持军改开创新局面

【编者按】“两年联动”的征兵机制，既很好地完成了征兵任务，又源源不断地将优质兵员输入军队，保证了军队人员的精良；实施精准扶贫“一卡通”，既让广大人民群众普遍认识到参军是光荣的使命，又为退伍军人化解了后顾之忧。这种将打胜仗必备的优质兵源储备及退转军人的安置工作提前部署的做法，具有战略价值。

军队打胜仗，人民是靠山。军队的改革，同样离不开人民支持。习近平主席多次强调，中央国家机关、地方各级党委和政府要强化大局观念，把支持深化国防和军队改革当作分内的事，共同落实深化国防和军队改革各项任务。

重庆市忠县积极贯彻党中央军改精神，党政军民齐心协力，以县人武部为依托，积极弘扬忠县拥军优属、拥政爱民的传统文化，构建“两年联动”征兵机制，在2015年征兵工作中，将体检政审合格兵员数提高到应征集任务数的4倍，在顺利完成当年征兵任务的同时，为来年储备双合格“种子兵员”100人以上。最后定兵时，在同等条件下，让二次应征、年纪偏大、高学历青年优先录取，并把第一次报名应征、年龄临界的青年作为来年的“种子兵员”，确保其来年二次报名应征。这样既很好地完成了征兵任务，又能源源不断地将优质兵员输入军队。

同时，该县主动地将国防和军队建设融入经济社会发展体系，在积极安置好军人转业、随军家属就业、退伍军人再就业的同时，支持转业退伍军人自主创业。对由于各种原因致贫的专业退伍军人实施精准扶贫，对症下药，因地制宜，并确保全部脱贫。截至目前，已指导、帮扶部分复转退军人和军烈属建成了核桃园、养猪场、黑羊养殖基地等。这些举措的实施，既让广大人民群众普遍认识到参军是光荣的使命，又为退伍军人化解了后顾之忧，极大地激发了军人的战斗精神，进一步增强了军事职业吸引力、军人使命感和荣誉感，在全社会树立起了热爱军人职业、崇尚英雄、缅怀先烈的良好风尚，有效地激励了广大军民为推动国防和军队建设奉献青春、贡献智慧和力量的热情。

征兵“两年联动”，切实保障优质兵源

来自人民、为了人民，始终与人民血肉相连、生死与共，是人民军队的制胜之本、力量之源。征兵工作周而复始，有规律可循，也有创新可做。重庆市忠县通过多年的探索、实践，实行“两年联动”征兵机制，即一年征兵两年受益，上一年度开展征兵工作时，有意识地为下一年度储备一定数量的优质兵员，作为第二年的“种子兵员”。

重庆忠县人武部，结合当下征兵对象学历提高到高中以上的实际情况，利用每年征兵季和学生军训等时机，深入高中或职高等学校广泛开展演讲、征文、队列会操、内务整理、看红色电影、唱红色歌曲、举办国防主题晚会等国防教育活动，使青年学生了解部队、热爱部队，激发青年学生参军热情。

在宣传活动中，该县人武部特意将 17 岁青年、高二年级学生纳入宣传对象，鼓励他们积极进行兵役登记，适龄报名应征。利用寒暑假时间，积极动员全县在外读大学的学子回原籍参军，主动对有意愿参军的大学生建档跟踪、鼓励。

在征兵体检政考的过程中，重庆忠县人武部积极将体检上站任务数下达到乡镇，并将上站人数定为征集任务数的 4 倍。每年体检、政审等关键环节，该县县委书记、县长亲临一线视察指导和动员，做到阳光体检、透明政审，合格与否人人皆知，确保每年体检政审为来年储备双合格“种子兵员”100 人以上。

在定兵过程中，忠县人武部坚持高学历、二次应征、年纪偏大的青年优先录取“三优先”。同时，把第一次报名应征、年龄临界的青年作为储备兵员，指定专人跟踪教育引导，积极保护应征青年参军热情，确保其来年二次报名应征。切实有效的

“两年联动”征兵机制，使该县近年来参军报名人数都在征集任务数的 6 倍以上，2015 年达到征集任务数的 7.8 倍。

重庆市忠县还把征兵工作纳入年度综合考核标准。该县人武部会同县委督查室成立联合工作组，每年年终对全县 29 个乡镇（街道）检查征兵工作落实情况进行专项考核，其成绩计入乡镇年终综合考核指标。对未完成征兵任务或有思想退兵乡镇实行一票否决，不纳入年终评选先进单位和先进个人对象考核范围；各乡镇（街道）也将征兵工作纳入村社考核内容，采取包干到片、承包到户的方式细化分解任务，利用经济奖惩、综合考核等手段，有效促进征兵工作末端落实。

精准扶贫，有效化解退伍军人后顾之忧

坚如磐石的军政军民关系是人民军队战胜一切艰难险阻、从胜利不断走向胜利的重要法宝。当前，中国军队正在加紧推进一次体系重塑、浴火重生的“突围之战”——军队改革。打赢这场改革之战，既需要继续弘扬优良传统，紧紧依靠人民这一靠山，又需要深化军民融合发展战略，坚持同心协力、努力开局开新，确保改革强军各项任务落地生根。

重庆忠县近年来始终坚持把军队改革作为一项重大政治任务来抓，共同落实和深化国防、军队改革各项工作，形成了“领导全心谋、各级全力抓、社会全员做”党政军民齐心协力的生动局面。在复转退军人安置及军烈家属安置方面，该县人武部在坚持公开公平公正阳光安置退役士兵“四类人员”基础上，通过建章立制，鼓励退役士兵自主创新创业，对全县生活贫困的复转退军人及军烈属建档立卡，实施精准扶贫。

目前，重庆忠县已建立起县人武部、乡镇（街道）人武部、

民兵营连组织三级扶贫网络。由县人武部牵头，由乡镇（街道）分管专武工作领导及人武部部长、民兵营连长等组成的联合工作组，深入乡村到户，对全县生活贫困的复转退军人及军烈属精准扶贫建档立卡，做到帮扶村贫困人口的家庭状况、致贫原因、脱贫措施、脱贫期限、推进步骤等信息“一卡了然”。

为精准识别贫困人口，重庆忠县人武部确立了“一讲二问三查　四不录五优先”原则，5 次深入全县 29 个乡镇（街道）调研。即一讲国家“四个全面”国策和精准扶贫有关政策文件；二问家庭基本情况、了解致贫原因；三查家庭劳动力、家庭收入、家庭负担；对有机动车的、有新建住房和城镇商品房的、有公职人员、有实体产业施行“四不录”；对有重病人和重度残疾的优先、有在校学生的优先、无壮劳动力的优先、住危房的优先、重灾户优先。

在摸底调研的基础上，重庆忠县要求各级党委政府对复转退军人和军烈属扶贫做到“精准四定”：精准定户（贫困户）、精准定人（帮扶人）、精准定项（扶贫项目）、精准定效（帮扶效果），推动扶贫开发工作部署落地生根。

同时，坚持授人以鱼不如授人以渔，因地制宜。宜农则农、宜林则林、宜种则种、宜养则养，适合什么就干什么，什么项目有前景就引进什么，先后指导帮扶部分复转退军人和军烈属建设了核桃园、养猪场、黑羊养殖基地等项目。

截至 2015 年年底，重庆忠县 554 户生活贫困复转退军人和军烈属家庭，已脱贫 461 户，脱贫率达 83% 。自 2011 年退役士兵安置改革以来，重庆忠县累计接收安置退役士兵 1282 人，26 名符合政府安置条件的退役士兵全部安置到县乡事业单位，3 名选择入伍时安置政策的退役士兵全部安置到父母或配偶所在系统工作，历年安置工作无遗留问题。

为确保退役军人安置好、安置得稳，重庆忠县人武部及时与县民政局、编办、人社局、财政局等协调沟通，采取考试与档案考核相结合的办法，阳光安置退役士兵“四类人员”。在笔试、面试及档案考核全过程中，该县人武部主动邀请县纪委监察局工作人员参与监督，以确保人才招录工作公开公平公正，考核成绩及招录结果均在县政务网上、民政局、人社局张贴公示 5 个工作日，接受社会监督。

2015 年，忠县人武部与县民政局登记造册，为临近退伍军人员购买了商业保险，以确保其在退伍后经济困难时，既有政府救济，又有保险保障。针对退伍军人自主就业的情况，忠县人武部积极筹措经费，足额兑现自主就业人员经济补助。自 2011 年来，该县已累计发放补助费 1243 人次，共计 2370 万余元。

针对创新创业的退伍军人，忠县人武部积极鼓励其参加技能培训，除按规定为其免培训费、免参加技能等级鉴定费、发放补助生活费外，还对考取电工、焊工等特种行业 IC 卡（上岗证）的参培人员给予全额补助考试及制证费用。

深化国防和军队改革是一场整体性、革命性变革。只有全国上下统一思想认识、军民一心，各级党委政府强化政治意识、大局意识，着力搞好配套保障，合理确定退转军人进退去留，关心和解决好其实际困难，才能迅速、快捷地打赢这场改革攻坚仗，真正确保军人能打仗、打胜仗。

现代及未来战争，武器、军事技术装备及后续战略保障是打胜仗的重要基础，也在很大程度上决定了军事组织的形式和作战样式，甚至是作战效能。有专家表示，重庆忠县在我国大力推进军改的背景下，将打胜仗必备的优质兵源储备及退转军人的安置工作提前部署的做法，具有较强的现实意义及战略价值，值得研究总结和推广！

（文/谢华平　李　峰　薛　军　韩明蓉）

宁夏吴忠市红寺堡区：立足特色产业　走出脱贫新路子

【编者按】宁夏吴忠市的精准扶贫工作立足区域特色产业，善于把劣势资源变为优势资源，既发展了“一县一业”“一村一品”“一户一特”的产业格局，因地制宜培育了一批特色优势产业，又以产业带扶贫，切实增强了贫困户的自身“造血”功能，是推进精准脱贫工作的典范。该地探索形成的“公司＋合作社＋农户＋政府指导”产业发展模式，有效地将农民合作社与农业企业结合起来，实现了农民与企业的共赢，为现代化农业的可持续发展提供了一个新途径。

位于大西北的宁夏，既是民族地区，又是革命老区，更是欠发达地区。尤其是西海固地区，涵盖宁夏原州、西吉、隆德、泾源、彭阳、盐池、同心、海原、红寺堡 9 个县（区），是国家确定的 14 个集中连片特困地区之一。习近平总书记曾在中央扶贫开发工作会议上强调，消除贫困、改善民生、逐步实现共同富裕，是社会主义的本质要求。特别是党的十八大以来，实施精准扶贫、精准脱贫，加快“造血式”扶贫，也让宁夏逐步走出了一条脱贫致富的新路子。

宁夏吴忠市红寺堡区是全国最大的异地生态移民集中安置区，也是宁夏脱贫攻坚的主战场。1999 年 1 月，红寺堡区开始开发建设，已累计搬迁安置宁夏南部山区移民近 23 万人。为加快移民群众脱贫步伐，宁夏通过支持贫困县区培育优质粮食、草畜、瓜菜、枸杞、葡萄等特色主导产业，推动贫困县区大力发展“一县一业”“一村一品”“一户一特”的产业扶贫格局，把发展增收致富产业作为扶贫开发的根本出路，以产业带扶贫、扩就业、促增收，因地制宜培育形成了一批特色优势产业。2007 年起，红寺堡区通过土地流转、招商引资、引进龙头企业、农户参与，借助位于北纬 38 度世界酿酒葡萄种植黄金地带上的优势开始发展葡萄产业。

位于吴忠市红寺堡区的宁夏红粉佳荣科技有限公司是省级、市级农业产业化重点龙头企业，该公司先后在红寺堡区柳泉乡茅头墩地区进行农业开发 38 000 亩沙漠化土地，现已开垦土地 15 000 余亩，建成 10 000 亩葡萄基地示范区。该公司制定了“十年农业土地开发规划”，实行一主一辅两条线的经营方针，种植回报快的经济林木、农作物和养殖经济动物，在酒庄建设投资完成后，依托上述资源，开展休闲农庄旅游项目，形成三产业于一体的大型综合农业生产基地。同时，还探索形成了“公司 + 合作社 + 农户 + 政府指导”的产业发展模式，有效地将农民合作社与农业企业结合起来，为农业可持续发展提供了一个新途径，实现了农民与企业的共赢。在开发土地建立基地的同时大力提升产业，解决了当地 2000 多名贫困人口的就业问题，增加了贫困人口的收入，人均增收达 2500 元，有效地解决了当地贫困人口的再就业问题。

因地制宜培育特色产业　实现生产、生活、生态“三生”共赢

宁夏红寺堡区把发展增收致富产业作为扶贫开发的根本出路，以产业带扶贫、扩就业、促增收，因地制宜培育形成了一批特色优势产业，群众收入中的80%以上都来自产业。通过发展农产品加工业、推动农产品外销、积极发展休闲农业和乡村旅游业等，促进贫困县区第一、第二、第三产业融合发展；通过加大股份合作、发挥新型经营主体带动作用、完善社会化服务体系等，完善贫困县区利益联结机制；通过实施国家新型职业农民培育工程项目等，强化农业科技支撑；通过推进生态建设，突出生态绿色循环，推动贫困村农业可持续发展，实现生产、生活、生态“三生”共赢。

借助位于北纬38度世界酿酒葡萄种植黄金地带上的优势，2007年起，红寺堡开始发展葡萄产业。开发建设以来，红寺堡狠抓产业结构调整，转变经济增长方式，全力推进工业化、城市化和农业产业化进程。大力培育节水高效农业，累计发展酿酒葡萄11.6万亩、设施农业7.45万亩，葡萄产业成为引领农业转型的特色优势主导产业。红寺堡作为宁夏葡萄四大产区之一，已纳入宁夏贺兰山东麓葡萄产业长廊。

宁夏红粉佳荣酒庄有限公司是一家集土地开发、农作物种植、推广、家畜饲养、销售、农产品深加工、节水设施农业发展等为一体的综合性农业企业，建成10 000亩葡萄基地示范区，总投资约2亿多元。主要从事酿酒葡萄树、青贮玉米、绿化苗木、枸杞、马铃薯等农作物种植。经过几年的开发，已初步形成了集葡萄苗培育、种植、葡萄酒酿造到销售的一条龙产业链。

葡萄产业农业示范园更趋规范化，并对葡萄基地进行科学、规范化管理。

红寺堡区引入龙头企业，采取“公司 + 合作社 + 农户 + 政府指导”的产业发展模式，宁夏红粉佳荣酒庄有限公司依托三万亩的农业开发用地，2009 年首先组织成立了红寺堡区中信设施农业产业专业合作社，主要从事各种苗木的培育。该合作社采取的组织形式为自有林木培育基地加吸收农户入社共同培育林木典型的合作社模式，由企业托管、农民参与。实现集约化、标准化种植，并建设加工产业链、打造品牌、开拓市场，既增加了农民收入又壮大了村集体经济，形成可复制可推广的扶贫种植模式。2015 年，该公司兴建两个万头羊基地，两个 25 万平方米的鱼塘。2016 年 10 月，红粉佳荣有限公司又投资 2854.74 万元，建成集葡萄酒贮藏、生产加工、展示及休闲于一体，年产千吨以上酒堡。以万亩葡萄园示范基地及年产千吨酒庄为依托，开展绿色、环保、生态农庄旅游项目。

劣势资源变优势资源　解决就业实现精准脱贫

为立足当地资源，实现就地脱贫，宁夏始终把培育特色优势产业、增加农民收入作为扶贫开发进程的重中之重。宁夏红粉佳荣有限公司作为国家级的农业重点龙头企业，自从 2008 年与红堡寺开发区政府签订了承包位于吴忠市红寺堡区太阳山镇沙泉村万亩葡萄基地和爪子沟一带的生态农业开发用地以来，一直以防沙治沙、帮扶当地贫困人口为主要目的。

宁夏红粉佳荣科技有限公司地处红寺堡沙漠化边缘地区，沙化不仅恶化生态环境，衰退土地生产力，而且加剧沙区贫困。目前因土地位于罗山脚下，沙砾贫瘠，土地改良成本较高，仍有 23 000 亩尚待开发改良土地，如果不能及时开发，5 年内将全部沙漠化。

红寺堡区是宁夏西海固地区贫困人口的移民大区，解决当地贫困人口的创业和就业问题一直是政府的大难题，公司在每年 10 000 亩酿酒葡萄树的养护中，雇用了当地大量的贫困人口，促进了当地贫困人口再就业，仅 2016 年已支付贫困人口共计工资 500 多万元，累计用工 30 000 人次，解决 2000 名贫困人口的就业问题，年人均收入达 2500 元，取得了很好的社会效益。

我国的贫困地区大多生态环境脆弱，其中集中连片特困地区大部分生态环境恶劣，自然资源紧张或是人口数量超过了自然环境所能承载的范围，存在人地关系紧张问题。生态脆弱的贫困地区探索生态脱贫新路子，用生态扶贫带动精准扶贫，从开发式扶贫转向保障式扶贫。这些贫困地区在增加农户经营性收入的同时，通过生态补偿、生态保育制度增加农户转移性收入，通过区域特色的生态修复、生态农业、生态旅游实现减贫脱贫和生态文明建设的“双赢”局面。

（文/谢华平　李　峰　马　群　杨　曦　王芳云）

陕西洛南：拓展种桑养蚕产业链 精准扶贫显成效

【编者按】 华阳蚕桑专业合作社，通过不断拓展种桑养蚕产业链，建构“支部＋合作社＋基地＋农户”的发展模式，是新时期立足实际，因地制宜精准扶贫、精准脱贫的优秀案例。这种扶贫方式既能为贫困户赋能，又能为其提供资源和机会，实现了可持续的脱贫。发展农业合作社是乡村振兴中产业兴旺的有效途径，是城乡融合、城乡一体化的重中之重。

近年来，随着改革开放的深入推进，我国的社会主义市场经济体制逐步完善，经济得以快速发展。与此同时，城乡差距进一步扩大，若不及时加以解决，势必会产生某种程度的不良影响。因此，如何加快推进农村贫困治理体系，加快开展精准扶贫工作，有效缩小城乡差距，实现城乡经济的协调发展尤为重要。

成立于2009年9月的洛南县华阳蚕桑专业合作社，以发展蚕桑产业为中心，以“民办、民有、民受益”的合作制为原则，紧紧围绕“做优一粒茧、拉长一根丝、多栽一株树、帮扶一片人”的产业发展思路，推行“支部+合作社+基地+农户”等发展模式，坚持以传统栽桑养蚕生产为主线、以林下间作、养殖等蚕桑资源的多元开发为突破口，大力推广“强村大户”战略，积极推行“小蚕共育标准化、大蚕饲养省力化、上蔟结茧方格化、消毒防病规范化”的“多批次养蚕”的现代高效蚕桑生产技术，通过“集中服务、统购、统销”的经营模式，促进蚕桑产业转型升级，提质增效，大力提升产业精准扶贫成效，带动更多农民走上了致富之路。

洛南蚕桑积极推广“强村大户”战略

洛南全县现有桑园保留面积3.1万亩，其中养蚕面积1.1万亩。2016年发种5800张，产茧230吨，产值900万元。一直以来洛南县所用蚕种均为陕西省安康市蚕种场提供，品种为

“明风×春玉”和“青松×皓月”；在蚕桑发展上积极推广“强村大户”战略，修建集中标准化共育室100余处、专用蚕室5000间，推广省力化蚕台5000多套，推广使用方格蔟260余万片，建消毒池2000个，基本实现“小蚕共育标准化、大蚕饲养省力化、上蔟结茧方格化、消毒防病规范化”的现代高效蚕桑新模式。

龙头企业洛南县九州茧丝绸有限公司，于2006年5月入驻洛南工业园区陶川片区，注册资本860万元，属民营独资企业，主要经营蚕茧收购、生丝加工及副产品的销售。1600绪缫丝加工项目（即1600绪缫丝加工项目一期工程）已于2010年7月建成并顺利投入生产，各项设备运行良好，企业生产经营已取得初步成效，并于2012年11月取得陕西省商务厅颁发的“陕西省缫丝企业生产准产证”，年加工干茧800吨，产生丝240吨，年实现产值600万元，利税1200万元，解决就业260人，蚕桑产业已成为洛南农民增收的一项主导产业。

洛南县华阳蚕桑专业合作社成立于2009年9月，注册资金60万元，发展社员192人。2012年5月成立华阳蚕桑合作党支部，发展党员32名。在党支部的领导下，2013年在高耀兴龙村将桑岭、店门二组集中连片的87亩农耕地从村民手中流转回来，并全部规划栽上了良桑。2014年筹集资金42万元在该桑园地边修建了35间专用蚕室，5间试验、会议、办公用房和4间仓库。并配齐了所用的蚕架、蚕台、蚕箔、方格蔟及喷雾器、电动切桑机、自动控温仪、微耕机等蚕具和农机具。2015年春投入生产，2016年全年养蚕5批次142张，产茧5680千克，产值22.7万元。

洛南县华阳蚕桑专业合作社带动了该村36户贫困户通过养

蚕实现一年脱贫。同时其还辐射高耀、三要、灵口、景村、四皓等5个蚕桑重点镇发展蚕桑示范园5000余亩，养蚕社员发展到800余户，发展桑枝食用菌专业户40余户，蚕丝被加工企业1个。同时，合作社还致力于“新产品开发、品牌开发、产销一体化”建设，已取得“华阳”商标注册认证。预计到2020年，入社社员发展到2000户，年养蚕5000张，实现养蚕、制种、副产品加工等产值2000万元以上，户均增收1万元以上。

“支部+合作社+基地+农户”模式
大力提升产业精准扶贫

“十三五”开局以来，洛南县华阳蚕业专业合社党支部充分发挥党支部的积极引领和协调服务作用，强力推广“强村大户”战略，积极推行现代高效蚕桑生产技术，促进蚕桑产业转型升级提质增效，大力提升产业精准扶贫成效。

灵口镇陈庄村灵神沟组贫困户纪忠华，全家5口人，因父母两人身患疾病，长期卧床致贫。2015年春，在洛南县蚕桑办的扶持下栽桑1万株，自家仅出桑苗款500元（其余县上补贴），折合桑园面积12亩，加上原来的3亩老桑园，其桑园面积达15亩。新修120平方米的专用养蚕房4间，自家仅出资6千元（县上补贴一万元）。2016年春、夏、秋三季养蚕14张，产茧560千克，售茧收入2.24万元；在桑园的宽行内间还种了土豆、莲花百亩收入300余元。两项共收入2.7万元，除去成本0.93万元（蚕室0.6万元，桑苗0.05万元，蚕种0.07万元，种子、化肥0.21万元），人均净收入3540元，实现了当年栽桑当年见效，第二年脱贫的目标。

党员杨伍林帮扶的王维新老人，现年62岁，家中还有老伴和两个儿子。大儿子患有精神病，二儿子学业未满。2017 年，他承包了 5 亩桑园，养蚕 7 张，间套杭白菊 3 亩，全年净收入 16300 元，人均净收入 4075 元，实现当年养蚕当年脱贫。王维新高兴地说："过去几十年，我栽过苹果、核桃，种过药材，栽过烤烟，没有一样挣到过钱，2017 年我养了蚕，当年就能脱贫致富。如今党的政策好，习总书记好，只要我们农民肯干，就一定能够脱贫奔小康。"王维新打算明年在自家地再栽 5 亩桑，流转一些土地，扩大养蚕规模，带领全家养蚕致富奔小康。

产业是扶贫攻坚的一项基础工作，也是使老百姓脱贫致富的根本点。蚕桑产业投入较少，建一亩标准桑园投入不超过 600 元，养蚕设施每亩不超过 800 元。一亩桑园地第一年就可收入 1000 元，第二年一亩可达 2500 元。同时，发展养蚕周期短（小蚕实行集中共育，蚕农饲养大蚕每季只需半个月时间）、见效快，当年栽桑当年养蚕见效，2～3 年即可脱贫，真正是农民脱贫致富的好产业。

蚕桑产业是稳定和提高农民收入最便捷的渠道，是扶贫最直接、最有效的手段。"授人以鱼不如授人以渔"。为确保贫困户发展蚕桑产业增收脱贫，洛南县华阳蚕桑合作社党支部以贫困户增收为目标、以资源整合为基础，以新型农业经营主体为依托，为了更好地帮扶农户，积极主动和县蚕果工作站进行强强联合，为农户提供技术平台，让他们熟练掌握养蚕专业技术，保证农户增收。为降低广大贫困户养蚕的风险，县蚕果工作站建立了小蚕共育基地，将 1～3 龄小蚕实行集中共育，等幼蚕成长到有一定抗风险能力时才交给养殖户；在养蚕过程中，蚕桑技术人员提供全程跟踪服务，手把手教其科学饲养、消毒防病，同时将农药、蚕药等养蚕所需物品及时供给农户；充分利用政府对蚕桑产业的扶持政策，为蚕桑投资喷雾器、蚕台、蚕台布、方格蔟等蚕桑生产机具；就连蚕种也是以赊账的形式发给农户，在农户养殖成功后，再从农户收入里慢慢扣回。

栽桑养蚕技术易学、省力、省时、见效快，是个快速致富的好项目，尤其是非常适合家里田地闲置、劳动力缺乏、体力不济的老、弱、妇孺和残疾人。据调查，洛南县涉及蚕桑产业的 12 个镇 23 个村中，有 2030 个养蚕户，其中贫困户养蚕的有 286 户 989 人，2016 年实现养蚕脱贫的有 201 户，占养蚕贫困户 72. 2%，预计 2017 年实现养蚕贫困户全脱贫。

实践证明，蚕桑产业不仅是个成本低、见效快、群众易接受的致富门路，而且是扶贫最直接、最有效的途径。其真正扶起了贫困户的精气神，提升了贫困群众的“造血”能力，同时也激励了那些习惯于“等着扶、躺着要，蹲在墙根晒太阳，等着别人送小康”的个别贫困户，他们站起来了、干起来了，迅速加入到脱贫致富的行列里来。

（文/谢华平　李　峰　韩一鸣　杨　曦）

山东德州：文化联络员激活农村文化

【编者按】加强基层文化联络员队伍建设，有效打通文化繁荣和文明建设的“最后一公里”，不仅极大地丰富了人民群众的精神文化生活，更以群众喜闻乐见的形式破解了党的重大方针政策在基层宣讲的“肠梗阻”问题，有助于满足乡村振兴中群众的美好生活需求，进而助推党的文化惠民政策加速落地落实，切实提升基层百姓的文化获得感，是农村文化建设的有效探索。

公共文化在社会发展中承担着大众文化娱乐职能，我国农村目前普遍存在公共文化产品供应不足，服务机制缺失、经费不足、人才缺失、体制与机制不完善等问题，不仅无法满足农民的文化需求，而且给农村社会的健康发展也带来诸多负面影响。因此，构建农村公共文化服务体系，有利于促进农村文化繁荣和社会和谐发展，对于推动社会主义新农村建设具有重要意义。

德州市陵城区文广新局面对农村公共文化缺失的现状，多次组织调研，调研中发现，几乎每个村都有几个文艺爱好者，这些人也苦于在农村找不到他们施展的天地，于是文广新局一班领导就试探性地在十几个村的这批人员中挑选了几个特别活跃的志愿者作为联络员，由他们牵头组织村里的文艺爱好者，自编自演了一批群众喜闻乐见的、健康积极向上的文艺节目，志愿者本村的文艺队伍每天晚上在村广场演出，节假日和其他村交流演出。一段时间后，村里打牌赌博的少了，邻里打架的少了，喝酒闹事的少了，大家吃过晚饭都到村里小广场看自己人演的身边事，张家儿子拾金不昧，李家媳妇不孝敬公婆，都可能在这个小舞台上展现出来。邻里之间嘻嘻哈哈地品评着自己的剧团演的自己身边事，村民和睦相处，农村社会稳定。该做法效果显著，引起了地方党委政府的极大关注。

经过一段时间的总结积累，2012 年陵城区依托农村的文艺骨干率先建立健全了村级文化联络员的队伍，每村明确 1 名文化联络员，作为文化工作的联络员、宣传员、倡导员、组织员、演职员，带动本村一大批文艺爱好者开展健康向上的文艺活动，丰富百姓文化生活，逐步达到“乡乡有专职文化干部、村村有文化联络员”的目标，并通过“十百千万”工程创建十个各乡镇具有地方特色的文化品牌；打造百支优秀文化团队；将队伍延伸至各学校、各企业，组成千名文艺骨干团队；培养万名文化人才，实现县、乡、村文化工作网络全覆盖。同时，在确定的村级文化联络员中，以量化考核的成绩作为奖励的主要依据，每年度评选“双十佳文化联络员”20 名、“优秀文化联络员”80 名，除颁发荣誉证书外，分别按分数划段给予 500 元、200 元、100 元不等的现金奖励或同等价值的物质奖励。

村级文化联络员实施的 5 年以来，有效解决了文化村梗阻的问题。目前，全区已实现了村村都有文化队伍的目标，公共文化服务体系逐步健全，百姓文化活动日益丰富，文化交流日趋活跃，文艺创作也日益繁荣，不仅极大地丰富了人民群众的精神文化生活，而且也取得了显著成绩，受到社会各界的一致好评。

打造村级文化服务，满足群众需要

德州市农村文化工作多年来总是从县文化主管部门抓到乡镇文化站，再向村里延伸就出现了断层。文化建设队伍力量薄弱，专业人才缺乏，严重影响了村级文化活动的开展和普及。其实，在很多村都有 1 名甚至多名热心文化工作的文艺骨干，如“德州阿宝”李相银、“铁下巴”孙朝阳等“草根明星”纷纷登上了中央电视台、山东电视台等舞台；“放羊娃”孙志和、“梆子迷”刘闯也各有特长，颇具发展潜力，但是苦于没有开展活动的经费及民间文艺团队年龄老化、文化知识偏低、人员流动性大等问题，所以无法发挥其应有的积极性。

因此，陵城区决定每村明确1名文化联络员，逐步达到“乡乡有专职文化干部、村村有文化联络员”的目标，实现县、乡、村文化工作网络全覆盖，舞活城区文艺舞台这一“龙头”，壮大乡镇综合文化站这一“龙身”，甩响村文化大院及文艺团队、文艺人才这一“龙尾”，形成上下联动、共抓文化的崭新局面。

同时，大力实施“十百千万”工程，即十个各乡镇具有地方特色的文化品牌，凸显地域文化特征；百支优秀文化团队，通过前期开展的大量工作，各村均成立了文化团队，下一步将在所有文化团队中精选百支优秀文化团队进行重点打造，使之成为活动开展的引领者；千名文化管理骨干，继续壮大村级文化联络员队伍，在每村确定至少1名文化管理骨干的基础上，将队伍延伸至各学校、各企业、消除空白村、空白学校和企业，组成千名文艺骨干团队，实现文化管理队伍全覆盖；万名基层文化人才，每村挑选至少10名文艺骨干，培养万名文化人才，抓培训的同时也抓活动，通过活动提升文化人才的才艺水平。

群众参与，自主活动，文化事业健康发展

尽管近年来国家相继实施了乡镇综合文化建设、文化信息资源共享等一系列文化工程，城乡文化发展差距有所缩小，但从整体上看，城乡文化发展不平衡的态势尚无根本改观。一方面，农村地区存在公共文化服务的供给不足的问题；另一方面，无效的公共文化供给又掩盖了文化缺乏，使得农村文化缺乏更加严重。如以“三下乡”活动为代表的各种文化扶贫、对口资助等活动对于满足农村文化需求、提高农民文化水平发挥了重要作用。但无论是送演出、送电影还是送图书，在很多时候对

农民来说都是一种被动式的帮助。以农家书屋的图书阅览服务为例，由于农民的居住地比较分散、集中活动时间少等多方面原因，农家书屋里配备的图书利用率并不高。现在不同了，每天演出前，好多提前到的村民先在书屋看书等演出，农家书屋的利用率得到了极大的提高。

要真正丰富农民的精神生活，提升农民的幸福感和满意度，就要让农民亲身投入到公共文化的工作中去。村级文化联络员建立后，带领村民不断创作新作品，排练好节目，自发组织开展的文化活动不断活跃，积极踊跃地参加区里、市里组织的比赛、展演，村级文化服务呈良好发展态势。文化队伍实现了从量的增加到质的飞跃，对于市里组织的活动，从最初的无队伍参加到后来的参加大型群体活动都能取得二等奖以上的好成绩。目前，在村里的文化队伍中，有规模、出精品、演出水平高的队伍就有 600 多支。村级文化联络员的队伍由原来的 330 人增加至千余人，逐步达到了“乡乡有专职文化干部、村村有文化联络员”的目标，实现了文化工作网络全覆盖。文化站在这些活动中发挥了桥梁纽带作用，村级文化联络员在这些活动中发挥了联络员、宣传员、倡导员、组织员、演职员的作用。各乡镇因地制宜、不断创新，广泛开展书画展览、文艺演出等文化活动，促进了城乡文化活动的健康发展。同时，区委、区政府大力支持，各乡镇党委政府密切配合，积极组织基层人员参加业务培训、业务指导和学习活动，大力开展群众文化活动，推动文化事业再上新台阶。

活跃一方，造福百姓，文艺骨干功不可没

陵城区的文化活动开展方向不断向基层倾斜，以农民为主

角的系列活动逐步成为活动开展的重点，把农民请进城，把名家送下乡，通过几上几下的活动，各乡镇文化品牌特色突出，百姓热情更加高涨。

在广泛开展的农村文化活动中，文艺骨干发挥了积极主导作用，他们乐在其中，言传身教，有的不惜自己掏钱外出学艺、购置文化活动用品，带头开展文化活动，陵城镇马厂街村民冯双兰就是其中的杰出代表。她在村党支部的大力支持下，成立了东方艺术团，吸引了方圆十几里村庄的百余位文艺爱好者每天下午前来参加活动，光伴奏乐队就有十五六人，演出形式多样，大秧歌、扇子舞、表演唱、器乐合奏等内容健康、令人赏心悦目的节目。每次演出，围观者达数百人。因其活动场所在县城东郊的一处杨树林中，因此，被广大群众形象地称为“快活林”。陵城镇郭梨花村 71 岁的村民郭英举，以该镇刘泮村原乡政府大院为阵地，吸引该镇及滋镇、神头镇的文艺爱好者来此一展技艺，每逢阴历四、九大集下午开展活动。同时，还热心传授技艺，为周边乡镇多支文艺团队注入活力。滋镇街党支部书记张风泉，因势利导，积极支持开展文艺活动，成立了滋镇社区俱乐部，每天晚上在大街上开展活动的秧歌队、交谊舞队、京剧票友会等文艺团队多达 8 个，打造了文艺演出一条街，形成了一道亮丽的风景线。这些农村文化联络员在各自的家乡，充分发挥示范带头作用，带起一支队伍，活跃一方舞台，造福一方百姓，为倡导文明和谐新风发挥了积极作用。

明确责任，加大投入，努力发挥更大作用

近年来，国家大力推动城乡文化发展一体化，取得了显著成效，但一些地方的效果不尽如人意。因此，确立村级文化联

络员既是落实上级有关要求的需要，也是全县广大群众的实际需求。

加强学习，提高素质。作为一名村级联络员要做好自己的本职工作。

一要有责任意识。村级文化联络员肩负着上传下达、积极带动、为活跃农村文化活动发挥更大作用的责任，因此，作为文化联络员，一定要高度重视，进一步增强责任感和使命感，不负众望，不辱使命，履行使命，尽职尽责。

二要有提升意识。文化联络员，关键在于“文化”二字。要弘扬传统文化、传承现代文明，开展丰富多彩的文化活动尤其是群众喜闻乐见的文艺演出活动是非常重要的途径。文化联络员既是组织者也是参与者，更要做好文化活动的示范和表率。这就要求管理者要提升管理和服务水平，有大局意识，有领先意识。组织者要提升协调及组织水平，遇到活动要有竞争意识，要有把自己的乡镇、村庄、队伍推向更高舞台的品牌意识。参与者要提高自己的竞技水平，提升活动质量。

三要有创新意识。根据调查发现，现在农村群众的文化生活方式比较单一，多数以吹拉弹唱或秧歌为主，零散队伍较多。要创新打造具有本地特色的文化品牌和活动形式，深挖当地有潜力的活动内容，转变思想、推陈出新，将新的想法、思路、模式注入原有的活动中，在自娱自乐的基础上提高队伍质量和档次。

四要有奉献意识。作为文化联络员，既有乐趣，也有苦衷。活动多，经费少；工作多，待遇少；任务重，责任多，都是摆在眼前的现状。但要有奉献意识，要全身心投入到发展繁荣农村文化的活动中去。积极宣传上级文化工作方针政策，团结、组织当地群众踊跃参与文化活动，大力营造写身边人、唱身边事的浓厚文化氛围，使广大群众从中得乐、从中受益，认识到怎样生活才是美好、丰富、幸福的人生，构建人人参与、人人受益的大文化社会，促进社会主义新农村建设健康、迅速发展。

五要有宣传意识。以前的基层文化工作发展相对滞后，一方面是各种客观因素的限制；另一方面则是即使农村文化有了发展，却还是得不到宣传。建立村级文化联络员队伍后，这种情况得到了改变。文化联络员开通了多种沟通渠道，不论是好想法，还是近期活动动态，抑或是专业咨询，都既可以向当地文化站、分管领导反映，又可以直接联系文化局。村级文化联络员就是架起了一座农村与城区的文化桥梁，为基层文化的发展起到了纽带的作用。

加大文化发展投入，促进文化产业发展。为充分调动村级文化联络员的工作积极性、主动性，发挥其文化工作联络员、宣传员及文化活动倡导员、组织员、演职员作用，更加广泛地开展群众文化活动，推动全县农村文化工作更好更快地发展，满足广大人民群众日益增长的精神文化生活需求，建议各乡镇拿出一小部分经费对村级文化联络员给予适当补贴，增强其工作的积极性和参与性，有了他们的配合，各乡镇也能在多方面减轻一些压力。区、乡、村三级紧密联系，密切配合，共同繁荣基层群众文化生活。

加强农村公共文化服务体系建设，丰富农民群众的精神文化生活，是建设美丽乡村、提升农村精神文明建设水平的重要内容。德州市陵城区设立村级文化联络员，是一个新创举，这一创举不仅会给基层文化工作带来新的提高，更将为基层文化的发展带来天翻地覆的变化。

（文/谢华平　李　峰　牛兴奎　方　贺　秦　鹏）

山东招远蚕庄镇大诸流村：选准当家人　建好新农村

【编者按】 山东省招远市蚕庄镇大诸流村党支部书记王庆敏弃商回乡，整顿大诸流村濒临瘫痪的党组织，立足解决群众的热点问题，以身作则、民主决策，因地制宜地努力探索发展村集体经济农民增收的新路子，增强了村党组织的战斗力、向心力和凝聚力。这是基层党组织建设与发展的良好案例，也是新时代乡村振兴背景下乡村精英回乡建设的范例。

农村基层党组织是党在农村工作的执政基础，也是团结带领农民群众建设社会主义新农村的战斗堡垒。党的工作重心向农村基层倾斜，是提高党的农村执政能力的必然要求。

山东省招远市蚕庄镇大诸流村在镇党委加强农村基层组织建设的号召下，全村广大党员选出了群众信赖的德才兼备的党支部书记。新的村党支部带领全村广大党员群众通过 5 年的努力，就使一个在招远市曾经非常落后的烂摊子村，变成了全市闻名的社会主义新农村。这正是“基层组织得关爱，小康路上跑得快”的体现。

选好配强村党支部书记是基层组织建设的关键

加强村级党组织建设的关键是配备好领导班子，特别是选好选准党支部书记。为适应社会主义新农村建设的需要，应进一步扩大选人用人视野，拓宽选任渠道，创新村干部选拔任用制度，促进农村各个方面“能人”脱颖而出。尤其要特别注重从农村致富带头人、外出经商人员中选拔村干部。

山东省招远市蚕庄镇大诸流村党支部书记王庆敏弃商回乡建设新农村就是一个很好的范例。大诸流村位于山东省烟台市的县级市招远市蚕庄镇的西北部，离渤海湾不足 10 千米，因诸流河穿过该村而得名。多年来，由于村里党组织软弱涣散，村党支部的工作由另外一个村的村支书代管，村“两委”干部换了一茬又一茬，谁也不愿意收拾这个烂摊子，党员群众意见非常大。因其脏乱差，该村成为当地党委政府的一块心病。

加强基层党组织建设还要依靠群众，依靠广大党员同志。大诸流村的党组织涣散现象引起了党员们的注意，他们担心这样下去，大诸流村有“亡村”的危险。于是，老党员王玉瑞、徐玉璧、王泾和村民代表王守文找到在外经商的王庆敏，想说服他回到家乡把党支部建起来，带领父老乡亲脱贫致富。王庆敏知道本村的实际情况，犹豫再三，最终被广大党员群众的诚恳热情深深感动。

上级党委在抓好农村基层党组织建设中起到了关键作用。大诸流村党员和村民代表们看准了王庆敏这个“大能人”，认为他德才兼备、亲和力高、有经济发展头脑，是村里不可或缺的带头人、发家致富的领头羊。全村 38 名党员和部分村民代表联名向招远市蚕庄镇党委写了请愿信，一致同意请镇党委出面给王庆敏做工作，希望他回村任职。镇党委经过研究后，决定由党委书记亲自抓这件事，上门找王庆敏谈话。王庆敏也是一名受党培养多年的老共产党员，怎能不牵挂村里的乡亲们呢？他深知建设好新农村光靠一个人的力量不行，还是要依靠党组织。在上级党委的感召下，他决定接下村里的“烂摊子”，整顿大诸流村频与瘫痪的党组织，带领全体村民建设新农村。

农村党的组织建设一定要按照“规矩”办事，选举党支部党章上怎么说的就应该怎么做。由于王庆敏得到广大党员群众的一致拥护，在大诸流村全体党员大会上，王庆敏全票当选为新的村党支部书记，他所在的新的党支部也成了凝聚民心、聚集民意的政治堡垒，成了建设好大诸流新农村的可靠的组织保障。

解决群众关心的热点问题　增强党组织的战斗力

农村基层党组织是党在农村的全部工作和战斗力的基础，关系着党的路线方针政策能否有效贯彻落实。农村基层党组织要心系群众，做群众的贴心人，善于解决群众关心的热点问题，提升组织群众、服务群众的能力和水平，在服务群众的实践中增强战斗力。大诸流村新的村党支部成立后，在第一次全体党员干部和村民代表大会上，王庆敏敢于啃硬骨头，提出首先要解决群众的热点难点问题，即村容村貌问题，将村里私拉乱建的违章建筑全部清除。当时正值全国范围内实施城乡一体化发展建设大潮，在这种形势下，处理好村里的违章建筑，不仅符合国家的方针政策，也能解决村里的第一大难题。

得到群众的支持是提高基层组织战斗力的保障。大诸流村在开展全部清除违章建筑行动的时候，遇到了很大的阻力。有的村民互相攀比，谁也不愿意先拆，怕吃亏、怕半途而废。为了打消广大群众的顾虑，得到全体村民的支持，王庆敏决定公平拆除、阳光拆除、集中拆除，不留死角。定好集中拆除的日子，他叫人买来20多箱礼炮，分发到各个拆除小组手中，待他在村“两委”大院里点燃后，其他各个小组一起点燃，统一号令，统一拆除，不分先后。这样在一天时间内，村里的违章建筑拆迁工作全部完毕，不仅没有遇到阻力，同时还提高了村党支部的战斗力，可谓一举两得。开拓性的工作引起了上级党委的高度重视。招远市党委对于大诸流村战斗堡垒的作用给予了充分肯定，号召全市党组织向大诸流村党支部学习。能把全市第一难——拆违工作做得这么顺利，充分体现了基层党组织建设的重要性。

以身作则　增强党组织的向心力

村民向背，关键在于党支部有没有使命感、责任感。改变落后面貌，党支部必须有向心力和号召力。为保障村民的利益，大诸流村党支部提出在党员干部中开展思想纪律教育，坚持用“三会一课”制度进行党性和廉政教育，要求党员干部做到严于律己、不搞以权谋私。要求别人做到的，自己首先要做到，支部成员率先垂范，明确了自己应担负的责任和义务。从支部成员开始，将责任延伸到村“两委”每位成员身上，形成了一个齐抓共管、上下左右联动，纵向到底、横向到边的责任网络，正确行使党和村民赋予的权利，把群众切身利益的事情办实办好。党员干部清正廉洁，责任明确，自然在群众中的威望高了。群众的拥护、信任也使党支部的向心力得以增强。

民主决策 增强党组织的凝聚力

没有规矩不成方圆，规矩是怎么来的，就是依靠科学民主决策而产生的。党在农村的执政能力强不强更是如此。大诸流村党支部善于民主决策，而不是靠家族治村。村“两委”班子成员和村民代表共同商议制定村规民约，重大事情决策在村“两委”班子形成初步意见的基础上，提交党员大会和村民代表大会讨论通过后予以实施，充分发挥民主、体现民情，不徇私情、秉公办事。在公平公正的原则上处理历史遗留问题，把群众最关心、最敏感的事情落到实处，积极引导党员发挥先锋模范带头作用，为民办实事，帮助群众解难事，不断增强党的基层组织影响力和凝聚力。

农村要发展，光靠支部的几个人是不够的，还要建设一支走在群众前面、充满活力的党员队伍。同其他村一样，大诸流村的党员队伍中年龄老化、文化层次偏低等问题越来越严重，不但造成党员队伍缺乏活力，而且导致村干部和后备队伍不足，使得村党组织涣散、凝聚力不足。大诸流村新党支部认识到要保持农村党组织和党员的活力和凝聚力，必须发展年富力强、文化水平高、有责任心和有担当的中青年村民入党。村党支部积极注入新鲜血液，先后发展 5 名正式党员、2 名入党积极分子，形成了老中青三代结合的党员新梯队。

建好新农村 实现党组织的奋斗目标

把党的基层组织建设重心牢牢构筑在发展农村经济上，只有抓住农民致富、全面奔小康这个“牛鼻子”，党组织才能真正赢得广大群众的拥护，党的基层执政能力才能得到加强。大诸流村围绕统筹城乡一体化发展和新农村建设做文章，党支部书记王庆敏自筹资金 300 多万元，对村庄河道进行综合治理，修建了拦河坝和桥梁，拓宽了道路。为了应对干旱天气，解决农业和果树急需用水的问题，还分别对村周边的 3 个水库进行清淤，缓解旱情，实现了路、水、电三通，让群众的生产、生活环境美起来。经过几年的建设，大诸流村村容村貌发生了翻天覆地的变化。

习近平同志指出："人民对美好生活的向往，就是我们的奋斗目标。"大诸流村党支部得到加强以后，村集体收入有了很大的改观，村民收入也翻了好几倍。村里卫生干净了，道路宽敞了，村民的腰包鼓了，底气也足了。大诸流村从一个脏乱差的"烂摊子"变成了远近闻名的生态文明村。

在推进中国特色社会主义新农村健康、快速发展的过程中，发挥好农村党组织的战斗堡垒作用是关键。在这个发展过程中，农村基层组织建设会面临许多挑战，同时也为发挥我们党的农村基层组织创新力、凝聚力和战斗力提供了广阔的舞台。

大诸流村党支部强化农村基层党组织政治堡垒作用，是推动党的路线方针政策在农村落地生根的前提。加强党的执政能力建设，关爱基层、倾斜基层，不断增强农村基层组织的创造力、凝聚力和战斗力是做好"三农"工作的政治保证，也是巩固党的执政地位、提高党的执政能力的必然要求。只有促进农村党组织沿着正确方向健康发展，与时俱进，开拓创新，扎实推进新农村建设，才能谱写出农村发展的新篇章。

（文/谢华平　李　峰　马　群　陈绪文　方　贺）

破解农业产业链“高速公路”上的“三大堵点”

——广西一对党员夫妻创新经济发展打通农业上中下游产业链模式

【编者按】农业“高速公路”的精髓，是缩小了源头农产品与消费者之间的距离、缩小了城乡发展的差距、确保了田间地头的品质能够及时触达消费者餐桌，让所有人都能够走上这条高速公路，不仅减少了传统经营模式中的许多中间环节从而降低了成本，并且还消除了食品安全隐患。其从源头上确保了种植源头的利益、食品的安全，从终端上确保了消费者的利益。当农村居民（种植源头）和城市居民（消费者）都在这条高速公路上受益时，农村居民也能过上和城市居民同等品质的生活。这是消除城乡发展二元结构的重要途径，也是城乡统筹发展课题中的重点。

中国是农业大国，农村人口有 9 亿，占全国人口的 70%，农业人口有 7 亿，占产业总人口 50%，因此“三农”问题关系到社会稳定和国家富强。

一直以来，如何让农村自己发展起来，都是中国当下的一个热点问题，如之前国家政策的转变，由新农村到美丽乡村，再由美丽乡村到乡村振兴战略。在多项政策的支持下，部分农村的发展已经有了新的起色。

从根本上说，发展农业产业是从最深处拔掉“穷根”的主要抓手，但近年来现代农业竞争已由产品之间的竞争，转为产业链之间的竞争。中国已经出现和正将出现的这些越来越严峻、不可回避的农业问题，亟须寻根问源、探解对策。

为此，抓住当前需求侧消费结构升级、供给侧改革加速的有利时机，立足国情、分类施策，积极探索具有中国特色的农业产业链整合新模式，才能更好地巩固扶贫成果，保持好广大农民脱贫不返贫的常态长效，从而迈入小康生活。

广西坤烈实业有限公司董事长李坤烈、总经理邓秀金是一对党员夫妻，他们便是勇于担当负责、积极主动作为的党员企业家代表之一，这对夫妻大胆创新，裂变传统助农方式，打造农业产业链大格局，为农业健康大发展注入了一股新生力量。

一、真正解决从生产基地到消费者之间的“三大堵点”

众所周知，眼下的农业产业开发是让贫困地区的农民实现持续稳定脱贫致富的根本之策，所以农业产业领域迎来了社会力量的资金大投入，但成效不大，甚至困境重重，这其中的原因究竟何在？从事多年农贸市场运作的李坤烈、邓秀金夫妇俯身碧野，创新经济发展模式，努力破解了农业产业链虽突出却一直被大家忽视的“三大堵点”。

一是农民们的堵点。作为“上游”的生产方，农民们陷入两大困境：当产品销路不畅时，市场价格趋于下降；当市场价格上涨时，又因缺乏资金投入生产不来、供应不上。

二是经营户的堵点。作为“中游”的流通环节，农贸市场经营户遭遇两大盲点：一是起早贪黑，凌晨三点就去进货，进货回来却由于对销量无法做到精准把握，造成每天进货数量和品种不准，产品过剩，第二天不新鲜又卖不了，只能烂掉，而提前预备库存又心中无数；二是经营过程中因不会拓客、不会引流、不会设置产品利益链条、不会确定产品线而承受各种风险，结果往往是喊价高、交易少、赚钱难，常常陷入“畅销时不够卖，囤货充足时又滞销”的怪圈。

三是消费者的堵点。作为“下游”的目标客户，消费者面临两大矛盾：钱花了也得不到真正实惠；破费了还买不到安全放心和新鲜的产品。这是因为每一个生产销售环节虽有监控，但这个监控实际上并不健全，除非是由同一家企业、同一个人、同一个大脑来统一指挥。

对此，夫妻俩比喻，农产品从农民种养基地经过农贸市场再到消费者手中，这期间所形成的整个产业链就像一条高速公路，也像人体动脉血管中的脑血栓，被堵塞后就会疼痛难忍。

也就是说，当前我国传统的农业信息产业链高速路，就像高度发达的互联网，总是流通着五花八门的东西，不断发生黑客侵略事件。

当前，如何让农民增收致富？如何让消费者吃得起和买得放心？市场上出现的农产品“大白菜现象”可见一斑：种植源头价格 0.5 元/斤、超市卖 3.5 元/斤，造成了人们不愿意进行源头种植，也无法正常消费，不能“买得起”和“吃得放心”。

于是，提高源头种植户的收入，压缩中间环节的暴利行为，降低消费者的消费门槛，确保食品安全的供应链，让广大消费者不再成为消“废”者，便成为广西坤烈实业有限公司打造农业“高速公路”经济发展模式的最大亮点。

二、彻底打通从生产基地到消费者之间的“高速公路”

创业要实，就是要脚踏实地、真抓实干，敢于担当责任，勇于直面矛盾，善于解决问题……这也是习近平总书记所强调的。

根据农业产业链之上、中、下游出现的核心痛点，具有社会责任感的李坤烈、邓秀金夫妇经多方考察论证后，举全公司之力下狠功夫，出实招疏“堵点”攻“难点”，将农业产业链上、中、下游3件事结合起来纳入广西坤烈实业，当作一件事来抓。

一是协助“上游”生产方。根据掌握的终端大数据来按质、按量安排生产，即只管抓好生产，解决价格恒定问题。广西坤烈实业有限公司会视情况相应投资入股，对上游产业链实行有效管控，确保消费者买到既便宜又安全的产品，实现“为耕者谋利，让食者放心”的良好愿望。

二是帮扶“中游”经营户。以广西坤烈实业有限公司投资建设的农贸市场为载体，对进驻经营户采用免租和联营的方式，形成利益共同体，将传统的管理者和经营者之分变成共生关系，一起面对市场风险。这样，市场方转换成服务方，全力推动中游经营户做好上游产品的对接和解决下游拓客引流的问题。由于流通环节是信息产业链的核心中枢，而市场方和经营户承担着主要的流通任务。所以，作为市场方的广西坤烈实业公司大胆输出全新的商业模式，长年赠送顾客某个热销品，为经营户留住和拓展客源。

三是挖掘“下游”消费者。掌握精准消费大数据，为从最开始的下游用户端推导出上游的生产端，以精确的数据指导生产，广西坤烈实业公司下属的农贸市场采用了会员制，并把客户当成用户来悉心服务，详细了解用户数据，建档立册和归类统计每个用户一年内的实际消费情况，指导中游经营户与上游生产方定产、定量、定品质，使各方把风险降低到几乎为零，从而打通销路和销量，创造共享价值，彻底解决农业产业链终端问题。

也就是说，通过帮助“上游”，让“上游”生产方只管按质按量来生产，再通过公司帮扶的“中游”经营户，输出优质价格和最好服务来解决终端问题，让广大消费者买到既新鲜又安全和价格恒定的产品。

就这样，一条完整的信息产业链高速公路顺利通车，其交通控制和运营管理模式都能做到是由一个脑袋直接指挥，如此这条高速路才能真正发挥出其支撑引领作用。

与此同时，农业“高速公路”模式采取以点带面为原则，例如，广西坤烈实业有限公司以雅里商业街农贸市场为中心点，辐射和覆盖方圆200千米，实施订单农业模式，确保源头种植的品质保障、确保产品销售销路。各种植源头（如农业公司、合作社、个体种植户等）可以根据雅里商业街农贸市场这个中心点掌握的销售大数据，进行合理地分配式种植，既不造成资源的浪费导致滞销，又确保了顺畅销路带动下让种植源头得到稳定增收。这便是广西坤烈实业有限公司用“精准数据指导精准种植”的创新经济发展模式的精髓。

农业产业扶持需要精准，发展运营模式不能跑偏。只有从调节人体阴阳平衡去做农业，利用大数据打通产供销链条，依托大数据技术的数据化、动态化的特点，真正解决从农业基地到消费者之间的“三大堵点”，彻底打通从生产基地到消费者之间的“高速公路”，才能激活农业产业链内生动力，形成精准发展的新动能。

（文/李　峰　马　群　方智平　李寒江　黄国愿）

深远海养殖：经营“海洋主权”打造“海上粮仓”

【编者按】深远海大型智能化养殖渔场，为探索在深远海养殖重要领域和关键环节形成了可复制、可推广的经验模式。建设国家深远海养殖试验区，是水产养殖业现代化进程中具有重要影响力的大事，拓展了深远海养殖发展空间，减轻了近岸生态环境压力，对实现水产养殖提质增效和渔业现代化、保障水产养殖持续发展、经营海洋和维护我国海域主权具有重要意义。

近年来，我国深远海养殖逐步引起相关政府部门、科技界和企业界等相关人士的重视，可是深远海海水养殖面临技术储备不足、养殖经验缺乏及灾害天气频繁等诸多挑战，山东日照市万泽丰渔业有限公司与中国海洋大学合作开发深远海养殖“深蓝 1 号”项目，从计划到实施历经近 7 年时间，实现了海水养殖由近岸向深远海的跨越式突破。

为响应中央“建设海洋强国”战略，助力海洋强省建设，融入西海岸新区全面经略海洋的发展热潮，万泽丰渔业有限公司与西海岸新区国有企业——青岛海洋投资集团有限公司成立合资公司，将研创风能驱动的塔架式可升降养鱼网箱系统——深蓝 2 号，计划在离开陆地 130 浬（约 250 千米）的南黄海冷水团海域建设国家深远海养殖试验区，打造集深远海养殖、深远海鱼类苗种繁育、深远海养殖装备制造、鱼类深加工于一体的产业集群，助力青岛新旧动能转换，推动青岛高质量发展的

“海洋攻势”。“深蓝1号”项目成为山东省“海上粮仓”重点建设项目，得到科技部、农业农村部、国家自然科学基金委员会、自然资源部海洋局、山东省科技厅的支持。

一、发力海洋科技创新，有效探索深远海养殖新模式

我国水产养殖以家庭式、小规模的传统生产方式为主，没有形成规模效应，难以支撑深远海养殖的规模化生产方式，又因其在养殖方面对海洋生态环境不加在意，和新时代坚持生态优先、绿色发展理念相背离，拓宽海洋绿色养殖空间，创新引领海洋发展，亟须“调结构转方式”。黄海冷水团三文鱼绿色养殖是山东省新旧动能转换重大工程示范项目，2012年年初，为推动海洋科技创新驱动，探索深远海养殖新模式，攻克关键工程技术，中国海洋大学董双林教授领导的团队提出了在黄海冷水团养殖鲑鳟鱼类的计划。黄海冷水团是位于黄海中部洼地的一团冷水，盛夏时，覆盖海域面积约13万平方千米，拥有5000亿立方米的水体，利用这一低温水体可以克服我国海域上层水温过高不能养殖三文鱼等冷水性鱼类的困境。经与多家养殖企业数次探讨研究，2014年10月，中国海洋大学水产学院与日照市万泽丰渔业有限公司（以下简称“万泽丰渔业”）协作，开始实施基于现代海洋装备的深远海鱼类养殖项目。

2015年，我国第一个淡水低温节能环保型循环水育苗系统建造成功。经专家多方论证后，原山东省海洋与渔业厅将本项目列入山东省“海上粮仓”重点建设项目，并组建了多单位协同创新团队和领导小组。2016年，多水源鲑鳟鱼类海水驯化系统开建。2017年7月，中国首艘养殖工船（鲁岚渔养61699）启用，完成了利用黄海冷水团养殖三文鱼的技术路线验证。

2018年7月，基于绿色理念研创的深远海养殖重器“深蓝1号”在青岛武船重工建成、下水，其是亚洲第一大深远海智能网箱。当月有两批共计30万尾三文鱼被送入箱体在冷水团中养殖。目前，黄海冷水团三文鱼养殖完成了一个完整的养殖周期，成功开创了世界温暖海域利用现代化网箱在冷水团成功养殖三文鱼的先例。

青岛西海岸新区提出全面经略海洋的发展愿景，以海洋经济发展为主题打造海洋战略强国支点。新区有近200家科研机构，是我国重要的先进制造业基地和海洋新兴产业集聚区，在规模化发展三文鱼深远海绿色养殖和智能养殖设备方面有着得天独厚的优势。青岛市推动高质量发展“海洋攻势”及西海岸新区战略定位和发展目标，都跟万泽丰渔业长远企业规划高度契合。利用青岛市新旧动能转换的重要机遇，万泽丰渔业将黄海冷水团三文鱼养殖和“深蓝2号”等智能养殖装备的发展重点放到西海岸新区，将自身优势和西海岸优势相结合，在经略海洋的大战略下，优势互补实现共赢。

二、创建深远海养殖试验区，实现渔业动能转换升级

黄海冷水团三文鱼绿色养殖产业将构建起以企业为主体、市场为导向、“政产学研金服用”深度融合的技术创新体系。科研团队攻克了三文鱼温暖海域养殖这一技术难题，并且还在进一步克难攻坚。

深远海绿色养殖产业按照西海岸新区提出的“创新驱动、开放带动、文化引领、人才支撑、生态优先、转型发展”的六大战略，推动科技成果与资本、产业的紧密对接，打通成果转化的链条。万泽丰渔业计划在南黄海建设国家深远海养殖试验

区，将建设大型钢结构深远海智能养殖网箱、配套养殖工作船及生产和生活资料补给船。在三文鱼卵的繁殖自给和疫苗研发方面加强科研技术攻关，实现关键性的技术攻克，打造完整的深远海养殖产业链。实施深远海鱼类苗种繁育基地建设工程，繁育优良新品种，建立繁育种群。同时建设鱼类加工园区和大型深远海智能网箱等养殖装备制造园区，打造优势特色产业集群。

万泽丰渔业根据我国近岸浅、污染重、台风多、避风港湾少、海况恶劣等现实状况努力开拓深远海养殖新空间，建设国家深远海养殖试验区，推动海洋产业结构向中高端攀升，构建绿色海域经济发展新框架，实现渔业转型升级，为海洋强国战略实施和海洋强省建设做出应有贡献。

三、建造我国首个远海养殖“全潜式网箱”，彰显中国智慧

我国从 20 世纪 90 年代开始实行休渔制度，但是滥捕现象时有发生，而且休渔期一结束，压抑已久的捕捞需求集中爆发，千舟竞发，将鱼子鱼孙一网打尽，未能从根本上改善渔业资源日益萎缩的现状。再加上水产养殖方式至今仍采用传统的以廉价下杂鱼养经济鱼类的做法，5 ~ 10 斤下杂鱼养出 1 斤鱼，“鱼子鱼孙一网打尽”，加快了海洋渔业资源的枯竭。

为保护养殖环境，保障我国水产业的可持续发展和蛋白质供给，万泽丰渔业和青岛海洋投资集团有限公司出资，委托中国海洋大学与湖北海洋工程装备研究院联合设计、青岛武船重工有限公司建造世界最大的我国首个全潜式大型网箱“深蓝 1 号”在青岛武船重工建成、下水。“深蓝 1 号”网箱周长 180

米，高34米，重约1400吨，养殖水体5万多立方米，设计年养鱼产量1500吨。该网箱可在高温的夏季沉到黄海冷水团中进行养鱼生产。黄海冷水团存在于夏季的黄海中部洼地，面积13万平方千米，体积5000亿立方米，水质优良，是世界罕见的浅水层冷水团，可以支撑千亿元产值的黄海冷水团现代海洋牧场产业集群。该网箱的启用实现了我国在开放海域规模化养殖三文鱼的突破，开创世界温暖海域养殖三文鱼的先河。

2020年1月上旬，我国首次规模化养殖的远海三文鱼即将捕捞、上市，这标志着我国实现了在温暖海域规模化养殖鲑鳟鱼类的世界突破，有望推动形成我国海洋经济新的增长点，也为建设人类命运共同体贡献了中国智慧。

在山东省新旧动能转换重大工程项目和各级政府的支持下，黄海冷水团现代海洋牧场还将研创风能驱动的塔架式可升降养鱼网箱系统“深蓝2号”和光能驱动的复合式网箱结构“深蓝3号”。2020年，黄海冷水团现代海洋牧场已完成三文鱼养殖示范工作，产值近3亿元；2025年，产值将达到100亿元，成为我国现代海洋产业的示范工程；2030年，全产业链产值将达千亿元，形成我国海洋产业发展的新浪潮。

四、打造深远海养殖“粮仓”，破解我国海洋经济发展难题

秉持生态优先原则，遵循绿色发展理念，推动海洋科技创新驱动，抢占海洋科技创新制高点，建设国家深远海养殖试验区，是水产养殖业现代化进程中具有重要影响力的大事，其拓展了深远海养殖发展空间，减轻了近岸生态环境压力，对实现水产养殖提质增效和渔业现代化、保障水产养殖持续发展、经

营海洋和维护我国海域主权具有以下重要意义。

一是有利于促进水产养殖集约规模化发展。人民群众对优质水产品日益增长的需求与日趋严峻的资源环境空间约束，是当前我国水产养殖业发展面临的突出矛盾。面向深远海，积极开拓延伸新的养殖海域，以集约化、规模化发展带动海水养殖空间转换和绿色发展，是丰富我国渔产品数量和质量实现水产养殖可持续发展的重要举措。

二是有利于海洋国土资源的绿色开发利用。深远海开发是海洋强国建设的重要内容。目前我国海水养殖面积208万公顷，其中绝大部分位于近海，局部海域养殖密度过大已经带来了产业冲突、生态损失和养殖病害等一系列问题。因此，大力发展深远海养殖，有利于带动我国海水养殖从近岸向深远海转移，进而促进海洋三次产业海域使用格局的优化。同时，发展深远海养殖，能够加快海水养殖空间结构调整的步伐，更好地发挥海水养殖空间利用先导产业的作用，在扩大养殖生产空间、减小环境影响的同时，实现海洋空间利用效率最大化。

三是有利于推动深远海技术的新旧动能转换。相对于近海养殖，深远海养殖开发面临更加复杂的气象水文环境，而且对养殖装备、海洋安装工程、养殖生产工艺等技术水平要求较高。发展深远海养殖，培育以大型智能化网箱、养殖工船和配套装备制造为核心的深远海养殖装备制造业，形成深远海开发产业集聚，带动我国海水养殖工程技术水平的快速提升。

四是有利于强化我国海洋权益的维护能力。这个意义亦很突出。一方面，深远海养殖试验区的建设和发展是绿色渔业发展的重要方向，开启了我国深远海养殖开发阔步向前的新征程；另一方面，深远海养殖一旦成为战略性产业，其现代经营的频繁性与长期性，将大益于我国对领海疆域行使主权并维护主权。特别是在当今海洋国际纷争复杂、我国海洋权益面临严峻的形势下，深远海养殖无疑是我国对海洋权益实施有效管辖的一个有效手段，其潜在的政治功能和外交功能十分明显。这将为下一步在南海、东海建设深远海养殖区提供重要的经验借鉴。同时，深远海养殖装备技术具备军民两用的转化空间，能够为培育军民融合海洋装备制造业提供技术支撑和产业支撑。

（文/谢华平　李　峰　马　群　尹　娟）

第二章　城乡基层治理

泰安岱岳区分局：村治保主任进驻派出所　实现社会治安防范无死角

【编者按】泰安市公安局岱岳区分局采取将村庄治保主任请进派出所、搭建群防群治新平台的创造性做法，充分发挥其人熟、地熟、情况熟、群众工作经验丰富的优势，在战术上实现了最快速、最经济、最有效，破解了基层“治安难”和警力不足的沉疴痼疾，战略上实现了事后破案向提前预防的重大转变。党中央及部委领导对此做出重要批示，产生了良好的社会影响，在全国范围内形成了将村治保主任转为警务助理的模式，将社会治安的触角延伸到了各个角落。

为有效解决基层警力不足的问题，优化治安环境，开创社会治安群防群治新局面，泰安市公安局岱岳区分局借势发力，在各级党委政府的大力支持下，把健全农村基层治保组织、完善基础设施建设与实施农村警务战略紧密结合起来，全面搭建起警民互动、村民联防的群防群治新平台。

每个村有一个治保主任，派出所每天安排 3 个村的治保主任驻所工作，每月每村值班两天，充分发挥其人熟、地熟、情况熟、群众工作经验丰富、有较高公信力的优势，与民警共同处理各类警情。而且派出所提前排好值班表，给治保主任们留出充足的时间去处理其他村级事务。这种做法使公安机关农村警务在战术实施上实现了最快速、最经济、最有效，战略上实现了事后破案向提前预防的重大转变。

截至2015年8月11日，大汶口镇派出所接110报警367起，同比2014年463起下降20.73%；行政案件发案108起，同比2014年126起下降14.29%；刑事案件发案36起，同比2014年59起下降38.98%。徂徕派出所2015年上半年刑事发案38起，两抢一盗案件23起，分别较2014年同期（58起、52起）减少20起、29起，下降34.48%、55.77%。全区群众安全感满意度测评97.33分，同比2014年92.16分上升5.17分，名次由2014年的第14名上升至第7名，上升了7个位次。

岱岳区分局治安大队长张立勇说："许多治保主任把到派出所协助工作当作是一种荣誉，工作积极性很高，许多村的党员、治安积极分子也有到派出所协助工作的愿望，由于治保主任们大都有调解纠纷的底子，到派出所在民警的指导下完全可以胜任各项工作。"

村治保主任进驻派出所是新常态下的机制创新

近年来，由于拆迁、征地、街道清理，举办各种大型活动，引发的敏感案事件及群体性事件越来越多，越来越频繁，一旦发生群体性案件仅凭当地派出所力量很难处理，临时调集警力集结，则存在距离远、情况不熟等现实问题，贻误战机。村级治保组织是发现犯罪、调解纠纷的第一道防线，也是联系派出所和群众之间的一座桥梁和纽带，对维护乡镇社会治安秩序具有积极的推动作用。但是通过调研发现，许多村的治保组织发挥作用不到位，有的村治保组织名存实亡；有的村治保主任更换频繁，不仅缺乏应有的业务知识，而且工作能力差；有的村治保主任只挂帅不出征，村民矛盾纠纷无人问，社会治安放任自流，埋下了治安、刑事案件的祸根，出现了村级抓社会治安断层的问题，村级治保组织第一道防线没有发挥应有的作用。

如果能够将治保主任这些中坚力量进行整合驻所，那么当地派出所完全可以迅速集合几十余人，应对一般的群体性事件。治保主任是治安保卫委员会的主力军，他们都出自本乡本土，人熟、地熟、环境熟，最能接近群众，在基层治安防范、案件预处理、宣传服务群众上有明显优势，是社会治安群防群治组织的主体，能够有效协助公安机关更好地开展好各项工作。

大汶口派出所将辖区 45 个村的治保主任进行人员编组，到派出所驻所协助民警开展接处警、值班备勤、重点人员管控、基础信息采集、矛盾纠纷调解等工作，把公安机关的触角真正延伸到了农村最前沿，实现了“警力有限，民力无穷”，真正做到了“安定一村，带动一片”，派出所民警与治保主任工作职能相辅相成，将派出所打造成了集打、防、管、控、服于一体的综合战斗体。

徂徕派出所在此基础上实现了更大的创新，每周举行一次由村治保主任带领镇干部、民警和协警参加的夜间巡逻，各村每天自行组织不少于 4 次的巡逻，每周由村委将电子巡更器上交到综治办进行统计考核，综治办定期对各村巡防情况进行通报，两周点评一次，效果非常好，实行第一个月只发了 3 起两抢一盗案件。现在这项工作已经实现了常态化。

建立完善的工作机制　提高治保主任驻所工作的实效性

为更好地发挥治保主任的作用，各派出所不断完善工作机制，着力提升工作的实效性。

建立“定期培训和以战代训相结合”的工作模式。开展培训提升工作水平，聘请骨干民警对全镇治保主任进行了集中培训，内容涉及场所日常检查、法律法规、查缉战术、重点人员管理及工作中的注意事项等，并实行考试结业。值班民警对每天驻所的3名治保主任进行交流沟通，告诉其一些平时工作中需要注意的事项、改进的地方和简单的处理纠纷的知识，交流互动提升工作水平。每天3名治保主任在派出所值班备勤，参与日常安全检查、开展治安巡逻、设卡检查、抓获现行、调处纠纷、排查暂住人口、重点人员、帮助接待来访群众、协助接处警、监督民警执法等工作，用实战代替培训，在实战中提升工作技能。

建立严格的考勤工作制度。派出所对驻所治保主任均制定了严格的工作纪律，用纪律约束其行为。推行了“六必”工作举措，既用纪律约束治保主任的行为，又给予了其适当的活动空间，使其既能够按照工作纪律要求开展工作，又能够发挥其特殊优势，实现了工作的有机结合。

建立完善的工作保障机制。为更好地开展工作，具体工作中实现了“四统一”：统一办公地点，配备办公设施，治保主任与民警一起排班值班，配合各项警务活动；统一就餐；统一被褥；统一装备。

建立绩效考核工作机制。为进一步激发治保主任参与公安工作的积极性，实行了绩效考核工作机制。一是值班人员每人每天补助日常生活费50元，其中村补助40%，镇补助60%；二是每次大的统一行动（集合时间在1小时以内）由镇补助30元。以上两项补助由镇政府统一拨付至各管区；三是对提供线索、抓获嫌疑人的，根据案件情况奖励200～1000元不等；四是对于违反规定的实施相应处罚。

社会效果明显　长效机制形成

自推行治保主任驻所联勤联动工作以来，治保主任履职尽责，充分利用自身“人熟为宝”的人缘优势，积极发挥基层调解作用，充当“稳压器”“灭火器”，把各种矛盾纠纷大事化小、小事化了，减少了辖区各类案件的发生，有力地促进了社会面和谐稳定。

一是治保主任为派出所基层基础工作发挥了“十大员”作用。当好情报信息员，提前预警促稳定。积极向党委、政府反映群众的合理诉求，从源头上化解矛盾，避免了一些群体性上访事件的发生。治保主任发现本村违法犯罪行为及在逃的违法犯罪嫌疑人时，及时向派出所汇报，方便了公安机关破案。将本村各类重点人员基本情况全部摸清并如实填写《重点人员基本情况登记表》，定期与重点人员座谈交流，真正掌控了重点人员的思想动态和行踪。同时，按要求加强对重点部位的巡防及场所消防安全的监管。

当好纠纷调解员，化解矛盾促平安。在平时的接处警工作中，遇到各类纠纷，可立即联系治保主任赶赴现场，共同进行调解处理．并主动出击调解纠纷，将矛盾化解在萌芽状态，避免激化矛盾，使纠纷演变为刑事案件。

当好安全宣传员，落实防范促安全。茶余饭后向村民宣传法律法规、安全防范，通报近期案情，不断提高村里群众的安全防范意识，辖区的警情特别是打架斗殴类案件直线下降，群众的安全感和满意度不断增强。

当好治安巡逻员，时刻守护保民安。各村治保主任组建了本村的治安巡逻队，组织群众开展不同形式的巡逻工作，并以身作则，主动担负起日常检查职责，每晚对本村巡逻情况进行检查，发现问题及时予以纠正。同时，各村相互照应、相互配合，形成了网状综治大巡防格局，使犯罪分子进得来，出不去。

当好民生服务员，服务群众促和谐。协助党委政府做好民生服务，协助社区民警开展家系调查、“双实”管理等工作，方便群众办理各类户籍业务。

当好战斗员，协助民警促稳定。每天到派出所值班的治保主任，协助民警在接处警过程中处置现场，看守相关人员，协助辖区民警检查各类场所。

当好执法监督员，沟通交流促提升。截至目前，各村治保主任共反馈群众对公安工作提出的意见和建议 8 条。针对群众提出的意见和建议，派出所高度重视，全部制订了整改计划，进行了扎实整改，并及时反馈给群众，增强了群众对公安机关的信任度和满意度。

当好维稳员，协助做好警情先期处置及案件跟进工作。为及时化解此项矛盾，派出所在接警、出警的同时通知村治保主任先期到达现场，进行先期处置。之后，治保主任对派出所侦查处理的案件及时跟进，与案件当事人进行交流沟通。

当好学习员，与民警双促进、双提升。2015 年 5 月 13 日，大汶口镇孙家庙村张某与余某因邻里纠纷闹得不可开交。民警到达现场后，张某与余某不听民警劝说，依然相互辱骂，民警立即通知该村治保主任到达现场，对张某与余某进行批评教育，使双方都认识到自己的错误，握手言和。

当好警务员，协助做好本村警务工作站的日常工作。治保主任在派出所值完班，回到村里的警务工作站后，可以协助民警开展日常工作，接受群众的咨询、救助、纠纷受理，并做好登记，及时向警务区民警汇报处置，真正实现了一村一“警”，做到了村村有“警务员”，群众诉求不出村就有人受理，帮助群众解决了一些关系切身利益的问题。

二是在处置群体性事件时发挥了积极作用。2015 年 5 月 21 日，杨某、陶某、刘某等聚集多人强行冲入泰和集团在办公楼静坐。大汶口派出所迅速启动《群体性事件紧急预案》，集合治保主任等 63 人赶赴泰和集团，经劝说无效后将为首的 10 余名违法行为人强行带离，其他参与人员分别向其讲解了如何通过合理方式、途径依法表达诉求后，劝离了现场，达到了法律效果与社会效果的有机统一。

三是群防群治工作成效凸显。治保主任参与派出所治安巡逻、纠纷调解等活动后，工作能力及法治意识、责任意识均大为提高。他们根据本村实际，进一步建立健全了十户联防、专职联防、区域联防等不同形式的巡逻工作机制，同时根据辖区发案特点，积极参与派出所适时组织的蹲点守候堵截，取得了良好的效果。

四是治安管理工作有效拓宽。通过治保主任驻所工作，该局治安基层基础工作得到加强。治安大队通过派出所与治保主任建立了联系，他们的协助管理，使得外来人口、出租房屋、重点人员等底数更加清楚，场所、特行管控更加有效，治安防范、法制宣传更加普及，信息情报触角更加广泛，群众工作更加扎实。

五是基层治保人员素质有效提高。治保主任驻所期间，派出所为治保主任配备了学习笔记和每个月的学习资料，认真对他们进行了法律法规培训，使其明确了肩负的职责任务。在民警的指导下，治保主任的工作能力特别是调解水平得到了有效提高，工作热情不断被激发，责任心进一步加强。

六是有力地促进了公安队伍建设。治保主任驻所工作对派出所也是一种监督，既促进了民警内务管理井然有序，也使民警在处警、巡逻、调解等执法执勤各个环节得到了有效监督和规范。

七是警民关系更加和谐融洽。驻所培训使治保主任和民警的交流更加直接，内容更加实在。这种做法扩大了警民恳谈的时空范围，治保主任在将群众的呼声和建议及时反馈给派出所的同时，通过亲身体验，回村后大力宣传公安工作，使群众对公安机关的工作有了更进一步的了解，更加理解和支持公安工作。

岱岳区分局局长杨昭晖说："通过治保主任为群众捎带户籍业务、居民身份证，较远地区出警治保主任先期到达现场、防止事态扩大，案件调查处理治保主任跟进，随时向案件当事人通报案件进展情况，对被处理人员进行思想教育和引导，回访受害人是否满意，如有思想波动及时向办案民警汇报，民警及时跟进工作等，解决了服务最后一公里的问题。"

岱岳区分局通过治保主任驻所联勤联动机制，充分发挥了"小干部"的"大职能"，使派出所在辖区内有了得力帮手，在各村有了"千里眼、顺风耳"，原来与各村治保主任断了的"亲戚关系"又重新走动起来，使政府的工作职能得到有效延伸，有效预防了各类群体性事件的发生，形成了“政策有人讲，思想疙瘩有人解，家庭不和有人劝，邻里纠纷有人调”的浓厚氛围，维护了治安大局的持续稳定。

（文/谢华平　李　峰　韩一鸣）

从“197个穷孩子‘爸爸’”的故事透视“大爱莱芜”道德品牌建设

【编者按】山东省济南市莱芜区以四德建设为切入点，结合当地的实际情况和群众日常生活，探索出了传统文化转化为当代价值的具体路径，有效解决了社会主义核心价值观宏大课题如何结合当地实际破题分解、全面践行的问题，是优秀传统文化创新性总结、创造性转化的典范案例。

“大爱莱芜”道德品牌建设，是山东省济南市莱芜区各级干部、群众在践行社会主义核心价值观、创建全国道德文明城市过程中总结提炼出来的价值追求，经过精心策划、宣传、培养，产生了巨大的社会效应，成为莱芜区道德建设的特色品牌。长期蜗居于25平方米的陋室、资助了197名穷困孩子、累计捐赠1000多万元的青年企业家亓飞，就是这一品牌建设成果的突出代表。

“197个穷孩子的‘爸爸’”的故事

20年前，19岁的亓飞继承祖业，成为百年老字号“亓氏酱香源”第7代传人。他无意中得知，一个18岁的学生，以优异成绩考上了大学，却因无法承受3000元学费，想要放弃……亓飞立即将3000元给那个孩子汇了过去，并在信中写道：“我不是可怜你，更不是施舍你，只是在你的身上看见了我的影子。”这名学生如愿走进了大学课堂。让亓飞尤其感到欣慰的是，这个学生感恩奋进，只让他资助了两年，后来就靠勤工俭学解决了所有读书的费用，最终凭着自强不息的精神，读完了研究生。亓飞乐了，认为这正是自己想要帮助的人，在他们最困难时伸出援手，而他们也通过自己的努力创造出了新的人生。

自此，亓飞就像“上了瘾”，不断资助贫困学生，每年少则几个、多则十几个。时至今日，他已先后资助了128名贫困大学生、69名孤贫中小学生，成为197个穷孩子的“爸爸”。2013年，“莱芜市爱心妈妈联盟”成立，因为乐善好施，亓飞成了其中特殊的一员。虽然获得了多项荣誉，但他却从不张扬，低调得让人不可理解，不仅从未透露过受助孩子的个人信息，甚至从未让那些受助孩子接受过采访。他经常说，“我不能借这些孩子来让自己出名，他们虽然年龄小，但也有尊严。我最希望的就是让这些孩子健康成长、正常地工作和生活。”

在亓飞心里，这些孩子和自己的子女没有区别。一年夏天，亓飞一直资助的一个孤儿要出嫁了。可就在结婚前夕，男方家长知道了女孩是孤儿，坚决反对这门婚事。消息传到亓飞耳朵里，他拉着女孩冲到了男方家，“如果这个孩子不孝顺你们，或者她身上有什么你们看不惯的缺点，我拉着她就走，但是你们要是嫌弃她没有父母，我就不乐意了，她没父母，我是什么？我就是她爸爸！女儿结婚的一切，我都会操办好。”亓飞说到做到，彩礼、婚礼，全部一手操办；冰箱、彩电、空调，一应俱全。女孩出嫁前，面对亓飞扑通跪地，“爸，我永远忘不了你们。”像这样的孩子，亓飞已经送出了6个。

亓飞资助的孩子中，许多已经颇有成就，还出了14个博士。然而和这些事业有成的孩子们，亓飞却较少联系了，他把牵挂和祝福深深埋在心里，认为这些孩子能走正道、成为对社会有用的人才就满足了，而不要总是让孩子们感觉有了亓飞，才有了他们的现在。

身为百年老字号“亓氏酱香源”第7代传人的亓飞，在“大爱莱芜”道德品牌建设活动中，汲取了精神力量和社会激励，秉承“兴家旺族，济世救民，酱香人家，仁和天下”的祖训，踏踏实实做企业。在他看来，只有积累更多财富才能资助更多需要帮助的人。

打造“大爱莱芜”道德建设品牌

习近平总书记说，对历史文化特别是先人传承下来的道德规范，要坚持古为今用、推陈出新，有鉴别地加以对待，有扬弃地予以继承。2008年以来，莱芜市深入挖掘传统文化中的优秀“因子”，以构建社会主义核心价值体系为重点，从公民道德建设入手，精心打造“大爱莱芜”道德建设品牌，探索出了将传统文化转化为当代价值的具体路子，让社会主义核心价值观在莱芜大地生根开花。

大爱有根。莱芜古称嬴、牟，是大汶口文化的重要区域之一，是伯益封地。莱芜悠久的历史文化，铸就了莱芜人热情诚恳、朴实善良、富有大爱的性格，莱芜的历史就是一部绵延不断的爱心史：孟姜女凄美动人的传说，管鲍分金情谊深厚的故事，清人马约割股尽孝的记载。革命战争时期，莱芜人民同仇敌忾、抗击日寇、支援莱芜战役，铸就了无私的民族大爱和国家大爱；新中国成立后，莱芜人民不讲条件、不计报酬，日夜奋战在莱钢和雪野水库等国家大型项目建设上，把一片片爱心化作了建设社会主义美好生活的实际行动……当代莱芜人秉承“大爱”情怀，着力打造“大爱莱芜”道德建设品牌，进一步夯实了“大爱”根基。

大爱至孝。2013 年起，莱芜市组织开展以“定养老事、签养老状、交养老钱、张养老榜、立养老规”为主要内容的“大爱莱芜”孝德工程，引导全市 98.3% 的村居张起了养老榜，让不孝之人抬不起头，孝顺之人脸上有光。很多老年人反映说：“原来顾这顾那，自己没有钱了，也不好意思和子女张口，现在好了，上级抓养老孝老活动，孩子们主动把钱送来了。”

大爱至善。莱芜地区民间信仰的一个突出特点是多元融合性，其主流价值观就是劝人向善。他们在全市范围内广泛、持久地开展“日行一善”的活动，引导人们明善道、行善道，收到良好效果。以莱芜市实验小学为例，他们以“四德”教育为载体，大力倡导“日行一善”，构建了全员、全程、全科、全方位的德育新模式，把无形的“德”转化成了有形的“善”，让“善良”成了该校的精神符号和文化品牌，大大促进了学生德智体全面发展。

大爱至诚。莱芜市以推进职业道德建设为载体，积极培育倡导诚信、鼓励诚信的社会环境。围绕这一主题，开展了如下工作：加强信用体系建设，组织开展了“文明信用工程”创建活动；实施诚德工程，不断深化“诚德”教育和职业行为规范教育；突出爱国主义教育，加大对莱芜战役纪念馆等基地的扶持力度，让莱芜这片红色热土时刻焕发出“大爱”“诚信”生机。2012 年，（莱芜市）山东盖伊尔集团董事长尚金花为了替担保的公司按期偿还贷款，在每次只能汇款 4.9 万元的情况下，一天之内汇出 100 余笔，共计 500 万元，及时代偿了资金，被传为“守诚信”的佳话。

大爱有形。在“形”字上下功夫，注重打造与社会生产生活紧密结合的道德建设载体：制定一系列“大爱莱芜”指导性文件，为品牌建设奠定制度根基；建立一批“大爱莱芜”道德规范，先后完善整理、修订印发了一批具有行业特色的行为规范，引导广大市民学习遵守；培养一支“大爱莱芜”“草根”志愿队伍，迄今有 200 余支“草根”志愿者服务队伍常年活跃在工矿企业和乡村，为品牌建设奠定了群众根基；树立一批“大爱人物”典型，让广大市民学有榜样；建设一批“大爱莱芜善行义举四德榜”，弘扬凡人善行义举，为普通人树碑立传；多角度塑造“大爱莱芜”风采，如拍摄微电影《养老榜风波》、电影《让爱绽放》，创作编演大型现代戏《儿行千里》，编辑出版《大爱莱芜》《大爱至善》《孝德莱芜》图书等，进一步把“大爱”落到了实处。

四德工程擎起“大爱莱芜”大旗

莱芜市已被山东省委宣传部授予全省四德工程建设示范市称号，所属两个区均被评为全省四德工程示范区，并涌现出 30 多个市级示范点，9 个示范乡镇（街道），300 多个区级示范点。一个个典型大珠小珠落玉盘般撒遍嬴牟大地，“孝德、诚德、爱德、仁德”深入人心，“大爱莱芜”品牌越叫越响，全市群众精神面貌有了很大提高。

目前莱芜全市有 1070 个村（居），村村都有四德榜。山东省委宣传部民意调查结果显示，莱芜市善行义举四德榜村居覆盖率和上榜率均为全省第一。“村村有四德榜不是我们的目的，人人心中有爱心才是我们的目标。”市委常委、宣传部部长毕玉惠说。

随着人人竞争上榜的热潮逐渐形成，上榜率越来越高，莱芜市涌现出一大批模范人物，其中亓飞、韩金来入选了全省 40 名善行义举四德榜“榜上有名”先模人物。

能够在短时间内实现村村有四德榜，人人心中有榜，离不开群众参与，更离不开良好的推广机制。莱芜市委主要领导非常重视四德工程建设，以市委名义制定印发了《关于加强四德工程建设　进一步打造“大爱莱芜”道德建设品牌的实施意见》《莱芜市创建全省四德工程示范市工作方案》等纲领性文件，使四德工程建设有章可循。

在实施过程中，全市范围多次召开农村、教育系统现场观摩会，并把市区镇村等各种观摩推进会，连点成线，织线成网，在全市形成了比、学、赶、超的良好局面。为了尽快实现四德工程，2017 年该市还把建立善行义举四德榜列入为民办的十件实事项目，由市财政出资 120 万元，扶持 400 个薄弱村居建立四德榜，实现了建榜标准、上榜内容的提升。

莱城区方下镇沈家岭村，村民通过开展“晒被子”比赛，分辨儿女们孝不孝顺；高新区郭家沟村，村民通过晒“照全家福、上四德榜”活动，极大促进了父子、兄弟、妯娌、婆媳之间的融洽关系，不好的和好了，好的更好了。这些好主意、好点子都是群众在四德工程建设中想出来的。“在推广过程中，通过创新载体，开展活动，充分调动群众参与的积极性，是我市全面完成四德工程建设任务的关键之一。”莱芜市委宣传部副部长张敏说。

莱芜市并非为建设四德工程而建设四德工程，而是以四德工程建设为抓手，提升“大爱莱芜”内涵。早在2008年，莱芜市就立足于本市历史传统文化，着眼于和谐社会建设，从公民道德建设入手，以构建社会主义核心价值体系为重点，精心打造“大爱莱芜”道德建设品牌。经过7年的探索实践，“大爱莱芜”道德建设品牌已逐步成为当代莱芜人的价值追求，也成为莱芜市一张亮丽的名片。随着四德工程建设受到省委宣传部的认可和表彰，莱芜市“大爱莱芜”的大旗，也越发具有生命力和号召力，为全市经济科学发展新跨越提供了强有力的道德支撑。

中央相关部门组织专家经过深入调研认为：

一、创意新颖、特色鲜明。莱芜市委精心打造的“大爱莱芜”道德建设品牌，以弘扬爱国、爱党、爱人民为灵魂，不仅是对莱芜大爱历史文化的挖掘和总结、对优秀传统文化转化创新的有效尝试，更重要的是找准了践行社会主义核心价值观的切入点，并将其物化、具体化、制度化，使其落地生根，开花结果，成为莱芜一笔宝贵的精神财富。

二、广泛深入，效果明显。莱芜市把这项工作贯穿和谐社会建设全过程，七年磨一剑，常抓不懈，靠搭建干部群众喜闻乐见的活动平台，引导公众参与度，“大爱”已成为莱芜人的精神动力、价值追求和自觉行动，汇聚成强大的社会正能量，有力促进了经济社会的全面发展。

莱芜市的做法，有效解决了社会主义核心价值观这个宏大课题如何结合当地实际破题分解、全面践行的问题，为我们提供了宝贵的经验，值得学习借鉴。

（文/李　峰　马　群　韩一鸣　李承华　李　静）

陕西镇巴："多元化解中心"综合施策引导群众理性维权有序诉讼

【编者按】"法院多元化解中心"的综合施策，能够实现司法资源的合理配置，利用社会资源，架起司法与当事人沟通的桥梁，将法院化解矛盾纠纷关口前移，既减少了进入诉讼程序的案件数量，减轻了审执压力，又切实满足了人民群众的司法需求，改变了法院单打独斗的局面，缓解了社会维稳压力，初步形成了政府治理和社会调节各方满意的良性互动局面。

当前，我国正处在全面建成小康社会的决胜阶段，社会深刻转型，改革不断深化，使得群众诉求内容日趋多元化、多样化，群众表达诉求方式日趋活跃，对促进社会公平正义的要求不断提高。因此，加强风险研判，加强源头治理，综合运用法律、政策、经济、行政等手段和教育、调解、疏导等办法，努力将矛盾纠纷化解在基层、化解在萌芽状态，避免小问题拖成大问题，避免一般性问题演变成信访突出问题。

陕西省汉中市镇巴县政法委积极贯彻党中央有关工作精神，强化责任担当，以县法院为依托，将当地人社、民政、国土、妇联等16家单位和律师、"两代表一委员"、人民陪审员、青年志愿者等社会力量进行整合，成立"镇巴县人民法院多元化解中心"，在法院设立专门机构、在基层法庭设立办事机构，参与人员平时在原单位正常上班，遇有案件调解时，中心工作人员根据案件具体情况，邀请联合共建部门派员提前参与纠纷调解工作，形成了一部门牵头、多部门联动的多元化解工作机制，实现司法资源的合理配置，将法院化解矛盾纠纷关口前移，既过滤、减少了进入诉讼程序的案件，减轻了审执压力，又改变了法院单打独斗的局面，缓解了党委政府的社会维稳压力，初步形成了政府治理和社会调节、各方满意的良性互动局面。

自 2016 年年初成立以来，“镇巴县人民法院多元化解中心”已处理各类矛盾纠纷 241 件，调解成功 101 件，通过法律释明当事人自行和解 19 件，转入立案 121 件。其成立既有效破解了当前各类社会矛盾纠纷易发、多发、法院受理案件数量逐年上升的困局，又实现了纠纷化解主体、程序、方式多元化，有效避免了一般性问题演变成信访突出问题，满足了人民群众的司法新需求，有效缓解了在现有司法资源、办案力量严重不足的情况下造成的立案积压困局，进一步加快了审理速度，提高了办案效率，缩短了办案周期。

以诉前调解为依托，建立多元化纠纷化解机制

近年来，随着改革进入深水区，各类社会矛盾凸显，人民群众民主、法治意识不断增强，社会矛盾纠纷易发、多发，案件数量逐年上升，类型日益多样，处理难度不断增大。陕西省汉中市镇巴县法院充分结合当地煤矿停产、移民搬迁、道路建设、油气田开发等带来的群体性纠纷多发、行业内矛盾尖锐的实际，在该院内部先行先试，成立了诉前调解中心和交通事故诉调中心。

2016 年年初，陕西省汉中市镇巴县政法委以此为基础，在县委县政府支持下，向人社、民政、妇联、文体等单位正式发文，并通过政法系统网站、官方微博、微信等平台大力宣传，

积极推广，鼓励当事人选择非诉纠纷解决渠道，提倡当事人将法理情结合起来，友好协商，促进纠纷快速化解，并进一步明确了实施方案、组织机构和诉前调解等。

为引导帮助群众选择简便快捷的方式解决矛盾纠纷，镇巴县法院经专门研究制定了《矛盾纠纷多元化解工作流程》，规定在具体办理过程中征得当事人同意，并自愿填写选择诉前调解确认书，方可将案件移送至“镇巴县人民法院多元化解中心”（以下简称“多元化解中心”）。

经调解达成协议的，根据双方的请求，制作调解书向双方送达；对当场履行调解协议的可不制作调解书，但在笔录中需载明经当事人签字确认；对调解达不成协议或当事人一方不愿进行调解的，有笔录记录在案，并告知当事人在诉讼服务大厅办理登记立案手续，转入业务庭进行审理。

在实际操作过程中，多元化解中心将矛盾纠纷化解关口前移，制定了《领导带班干警导诉值班备勤制度》，在诉讼服务中心设立导诉台，安排专门导诉员，引导群众理性维权、有序诉讼。同时，加强与政府、基层单位、行业间的沟通联系，尽量将矛盾纠纷通过多元化解机制解决在诉前。

镇巴县以多元化解中心为基础，将多元化解机制和模式延伸到各审判庭和基层法庭，依托法院专门团队，专业化调处医疗、交通事故、劳动争议等行业纠纷，对涉军人民兵维权开辟绿色通道，基层法庭指导镇村形成多元纠纷化解全覆盖，并将多元化解的工作量一并纳入案件考核，给予人、财、物保障。

多元化解中心搭建连心桥，切实满足人民群众司法需求

弘扬中华民族传统家庭美德，倡导、培育和维护公序良俗，

积极培育和践行社会主义核心价值观，是每个中国人应尽的义务。多元化解中心立足当地民情、社情，从服务中国特色社会主义司法制度和经济社会发展实际出发，积极推进审判方式和工作机制改革，通过诉前和多元化解，使其当地300多件纠纷未进入司法程序，收案案件数量减少了四分之一。

家住镇巴县黎坝镇柳营村的马仁元曾亲身体验了“多元化解中心”的调解工作，他说：“我最高兴的是，它能很快解决实际问题。”马仁元女儿的婚姻问题一直困扰家人多年，在黎坝镇“春生一号”油气田勘探征地过程中，他“拗不过心劲”，拒不搬迁位于钻井中心地段的闲置房。

法官在了解事情原委后，详细询问了情况，并记录在案，随后多次会同镇政府、派出所、司法所民政、妇联等单位进行多方协调、耐心疏导，使马仁元女儿离婚的问题得以顺利处理，全家随后主动拆除了房屋。

同住镇巴县黎坝镇柳营村的马良军，在“春生一号”油田施工过程中，拒绝征用其土地，法官多次依法说理，并积极联系其亲戚一起做思想工作，最终双方达成征地补偿协议，使其油田钻井人员及机器设备如期进驻、工作顺利进行。

目前，多元化解中心已先后妥善化解了“春生一号”油田实验井占地纠纷、渔渡镇树峰木业与20多户群众的空气污染纠纷、简池煤矿和响洞村煤矿因关停引发的100多起欠薪欠债纠纷等，有效处理了观音镇恒源电站建设引发周边30多户群众房屋受损及施工合同纠纷、黎坝镇供重庆火锅辣椒基地订单销售等重大群体性敏感纠纷。

西北政法大学教授褚宸舸认为，多元化解中心创新工作理念、体制机制的做法，不但架起了司法与当事人沟通的桥梁，而且引导群众理性维权、有序诉讼、减少缠诉上访，既守住了司法的最后一道防线，又切实满足了人民群众的司法需求。其把分散的力量整合起来，形成整体工作合力，既有效化解了社会矛盾，又主动适应了新形势，提高了社会治理精细化水平，值得总结研究！

（文/李　峰　薛　军　韩一鸣）

黑龙江农垦宝泉岭管理局两大举措实现社会长治稳定

——宝泉岭管理局“一优三好”善治工作调研

【编者按】“一优三好”活动，以各项事业法制化为主体，以行业依法治理为支柱的法制化管理的新格局，坚持善治的人本化、多元化、法制化和组织化，既有力推动了城市社会治理，做到有法可依、有章可循，也为改变农村生活方式加强社会规则意识和法制意识提供了合理的引导，为我国新时期城乡一体化、打破二元结构做出了有益尝试，是城镇化过程中社会治理的新探索。

黑龙江农垦宝泉岭管理局（以下简称“管理局”），经过20多年的普法、依法治理，形成了以普法教育为基础、以各项事业法制化为主体、以行业依法治理为支柱的法制化管理的新格局。

近年来，管理局创新提出了“争做优秀北大荒人”“建设一支好队伍”“打造一个好民风”“培养一个好作风”的“一优三好”活动，争创先进垦区，建设善治宝泉岭为战略目标，全面推进社会治理工作机制完善、体系健全、长效发展。

有关专家指出，宝泉岭管理局推出“一优三好”活动，以善治宝泉岭建设为总抓手，以法治文化建设为牵引，实现强工、富民、社会稳定，这是老一代垦荒人拼搏奉献精神的伟大传承，也是对这片黑土地深深的敬畏，这种做法，值得各地推广学习。

“一优三好”善治宝泉

近年来，管理局各农场逐渐实现集中居住，一座座现代化的小城镇逐渐成形，真正实现了耕作在广袤的田野上，居住在现代化的城市里。但随之引发的问题也越来越多，从农民的日出而作、日落而息向真正的现代化产业农民工人转换，居住场所也从工作棚、小平房向高楼大厦转变，从走向田间地头用原始的农具作业，向开着私家车指挥现代化大型农机具作业转变，种地的农民成了真正意义上的现代化产业农民工人。

现实中的贫穷到富足，是表面上的转换，是眼睛看得到的，可旧时代的陈规陋习、文化素质的转换却需要一个过程，更需要引导。为此，管理局适时提出了“一优三好”，有效地促进了善治宝泉岭的建设，强工、富民全面推进。

为把建设一支好队伍工作做扎实，管理局进一步推进了“民情日记”“民情接待日”“民情分析会”的制度化，以“三联”促“三带”，助推产业发展，并开展“干部任用规范年活动”，将考察干部的功夫下在平时，健全在基层，在履职过程中考察干部，实行分行业管理考核，从严管理干部，把好入口，畅通出口，推进干部能上能下，能进能出。

管理局党委书记刘炳东说："为什么有的工作有的同志去做，效果就很好，职工群众就拥护，干部就接受，同样的工作有的人去做，却不但没有化解，还把矛盾进一步激化了，这就是方式方法，这种方式方法落实到干部素质上，就是能力问题。这是对我们各级领导干部，特别是党群领导干部的最高要求，也是我们必须追求达到的境界"。

在队伍建设的同时，管理局全力打造"好作风""好民风"活动。以解决群众反映强烈的门难进、脸难看、事难办为突破口，认真解决庸、懒、散的问题，并建立明察暗访、定期通报制度，对顶风违纪的严肃查处，情节严重的追究相关责任人的责任。并全力抓好职工核心价值观体系，结合共富行动，开展"日行一善"主题实践活动，呼吁人人心存善念，多做善事，形成诚实守信、尊老爱幼、团结互助的良好氛围。并引导广大干部职工自觉学法、知法懂法守法、依法维护自身权益。为此打造出了数个法治主题公园，在法治公园里有各种法律宣传栏，大量的法律小故事，让人民群众在休闲娱乐中接受法律的熏陶，并多次开展群众喜闻乐见的教育活动，形成好民风建设的全民共识。

善治宝泉　多举措并行

管理局依据自身实际情况，在做好"一优三好"的同时，明确提出了社会改革目标的重点和现代发展的具体路径，逐步实现法治与责任、参与与回应、稳定与有效常态互动。

针对善治宝泉岭作为一项推进管理局治理机制与治理能力全面提升的系统工程，以坚持善治目的的宗旨化大力践行北大荒精神及核心价值观，打造具有宝泉岭特色的社会治理网格模式。以坚持善治结果人本化，促进全局社会体系机制构建更完善、更科学。以坚持善治主体的多元化，实现社会治理与管理的全方位良性互动，全要素权责互为。

针对深化法治宝泉岭建设，坚持依法治理，在全局打造遇事想法、办事依法、有事找法、解决问题用法、化解矛盾靠法的法治环境。坚持综合治理，打击违法，惩治犯罪，矫正挽救。坚持源头治理，从社会基层入手，从职工群众感受最直接的地方入手，抓小、抓早、抓苗头，进一步推进标本兼治，重在治本，通过网格化梳理问题，通过平台化解决矛盾，通过组织化保障诉求。坚持系统治理，在社区中大力发展社会组织，支持自治组织，推进两新组织，鼓励服务志愿组织，实现主体互动，权益互动，责任互担。坚持以德治理，深化“一优三好”，促进自我完善，自我提升，全面发展。

针对平安建设，大力发展多元社会组织，激活社会服务市场细胞网、公益管理资源潜力。大力调处化解社会矛盾，确保社区诉求问题落地有声，社会生态有序稳定，社会秩序公正稳定。大力加强社区职责功能，推进基层基础普惠服务率，做好社会权益保障。大力健全公共安全保障，抓好专项行动重点打防控，提高平安指数。大力构建善治厚德环境，提升社会综合素养力，打造诚信礼仪宝泉。

针对诚信建设，加强诚信宣传，加大守信激励广度和失信惩戒力度，不断完善符合自身实际情况的社会信用管理制度。并将个体诚信度与社会公信力的建设结合起来，让诚信者有光彩有作为，把诚信从道德操守提升为信念坚守，在社会管理的综合治理中让诚信建设发挥大作用，产生大效能。

针对和谐建设，强化各级党组织的社会管理职能，进一步健全了联系群众制度，落实领导干部联系点制度，为基层群众解难题、办实事。位于290农场的黑龙江摇篮乳业破产时已拖欠当地养殖户700余万元，很多养殖户一夜间陷入贫困，不得不变卖奶牛维持生计。该公司总经理张承厚亲自召开各部门协调会议，并指出对人民群众的血汗钱一定要有个交代，并拨出专门的经费，最终使案件得以顺利解决。管理局还制定多项举措，充分保障职工权益，认真抓好城区生态安全，完善了特殊人群的服务管理，切实保障外来人口、流动子女人口入学，在更广的层面上为群众提供多样化、多层次的公共服务。

高起点　高水平谋划获丰硕成果

“一优三好”善治宝泉岭活动开展以来，25个善治成员部门开展专项行动60余次，13个农场及管理局城管局组织开展了富有特色的争创活动，在全局形成了良好的善治态势和公平正义、造福群众的氛围，公共安全、司法公正、权益保障满意率达95%以上。坚持以平安法治两大建设为主线，制定了《关于推进善治宝泉岭建设的指导意见》《加快善治宝泉岭建设实施方案》《关于进一步深入开展“一优三好”的实施意见》，以及各单位各部门共计32个专项方案。

管理局已被列入2014法治垦区重点加以推进，全局完善农场社区委员会14个、居民委员会147个，整合社区网格519个，还有13个农场和城管局均加强了基层基础建设，提高了社会综治能力。公检法司政法机关突出了专项打击力度，实现了有效的法律威慑。各种创新典型、模式层出不穷，像宝泉岭农场“社会管理一站式”模式、共青农场“社情民意一键通”模式、普阳农场“权益保障一盘棋”模式，都发挥了积极的作用，并得到了相关部门和广大人民群众的认可好评。

城乡统筹发展研究中心主任、高级经济师谢华平说："法律是治国之重器，良法是善治之前提，宝泉岭管理局'一优三好'树典型，传承北大荒精神，打造好队伍好作风，提高了党的公信力，用善治的理念引导、教育、规范，建设起了一个又一个和谐、稳定富裕的现代化新城镇，从理论层面看，为我国新时期城乡一体化，打破二元结构，做出了有益的探索和尝试，从实践层面是成功的，此做法值得借鉴。"

（文/李　峰　马　群）

深入推进平安建设　加快警务理念变革

——福建省晋江市公安局"两抢未破案救助制度"调研

【编者按】"两抢未破案救助制度"和"社会治安综合保险机制"，颠覆了以往"先立案后破案再赔偿"的传统思路，既稳定了群众的心态，弥补了部分财产损失，同时又净化了社会治安环境，更重要的是营造了和谐关爱的社会氛围，有助于社会和谐稳定，是典型的警务理念的重大变化。

遇上案件能得到赔偿，不仅出乎老百姓的意料，也冲击了人们的惯性思维，带来更多的理念、机制和警务工作的创新变化。福建省晋江市公安局深入推进平安建设，深化警务理念变革，着力解决社会关注、群众期待的突出问题，着力解决影响和制约公安事业发展的难点问题，创新实行的"两抢未破案救助制度"，切实有效提升了人民群众的安全感和满意度。

晋江市公安局于2014年7月率先推出“两抢”未破案件受害者救助机制。群众只要在晋江辖区内因遭遇“两抢”造成人身伤害及随身财物损失，自案发之日起，两个月内公安机关尚未破案的，由中国人保财险晋江分公司按确定的标准，给予被抢者500~35 000元不等的“先行赔付”的保险金。

专家认为，“两抢”未破案件受害者救助机制既是社会稳定器，也成了公安机关提升维护国家安全、社会稳定能力和水平的推进器。借助这种保险市场机制运作的模式，把群众合理合法的利益诉求解决好了，使群众由衷感到权益受到了公平对待、利益得到了有效维护。

未破案救助制度惠民赢民心

晋江子江中学教师曾婉攸获得了3000元补偿金。2014年4月6日晚，曾婉攸被抢1万多元现金，随后报警。“事情过去了很久，本来我也不抱希望了，却忽然接到让去领救助金的电话。”半信半疑的曾婉攸在公安局拿到救助金后，才真的相信“竟然有这样的好事”。晋江市公安局推出“两抢”未破案件受害者救助机制，是市政府从专项的“公众责任险”出资投保，同时倒逼公安机关向“两抢”犯罪分子发起全面宣战的有效举措。着眼于“更快地破大案、更多地破小案、更准地办好案、更好地控发案”目标，将110求助投诉、民生服务、社区网格等社会治理服务体系有机整合起来，28个部门联动，市镇村三级网格服务，所有保障“一站式”“一中心”办理，有效利用资源，实现联动，打通环节，畅通渠道。多管齐下痛击“两抢”犯罪，辖区“两抢”警情从原来日均20余起下降到现在的不足1起。

2014 年 7 月至 2015 年 3 月，全市共立“两抢”案件 252 起、破 222 起，破案率达 88.1%；目前，已向 37 名“两抢”受害者发放救济救助补偿金 6.6 万元。“多破案促少发案”，由此形成了一个有趣现象——公安机关原来是案件堆积成山，如今却是无案可破，公安干警难得一遇建立功勋的机会，有的开玩笑说“长此以往，恐怕要失业了”。

2015 年 4 月 1 日，晋江市公安局又创造性地启动了社会治安综合保险机制：由市财政投入 1170 万元，按照每户每年 40 元的标准，为全市 29 万户常住户籍家庭购买社会治安综合保险。晋江市群众因盗窃、“两抢”、自然灾害、公共突发事件等造成损失，只需提供公安部门出具的立案证明、工作说明或接案回执单，保险公司将在 5 个工作日内进行理赔，最高补偿金可达 11 万元。

晋江的社会综治险总结了部分镇街的试行经验，在原先保险范围的基础上进行了保险责任的扩充。比如在“两抢”案件救济救助方面，是以案件为单位，延伸覆盖了所有外来人员，对发生在晋江辖区的两抢案件受害人都按统一标准予以补偿。

人保晋江公司王秀明说：“公安局 2014 年一年投了 20 万元‘两抢’未破案件险，我们以前觉得要亏，不想做，现在运行了 9 个月，才理赔了 6 万多，公安局破案太厉害了。”

晋江模式长效机制已经形成

晋江的发案量一度高居福建县级市之首，尤其是“两抢”案件高发，全市“两抢”警情日均 20 多起，最高峰一天有 30 多起，群众出门不敢挎包，不敢打手机，对社会治安怨气不少。

2012 年 5 月，陈文荣上任晋江市公安局局长，便切身感受到了这股愈发升高的“怨气”：80 岁的老阿婆耳环被抢，摔成了高位截瘫；20 多岁的小姑娘项链被拽，人被扔到了小河边；民警们一边抓抢匪，一边偷偷叮嘱家人“出门别带包”。不是公安机关不想保一方平安，没有有效措施，这边打完那边冒头，民警疲于应付。面对窘境，陈文荣撂下一句狠话：“要把晋江的‘两抢’警情日均数量降到个位数。”面对质疑，陈文荣很快兑现了自己的诺言。目前，晋江市“两抢”警情已降到日均 1 起，2014 年 1 至 10 月，共有 77 天“两抢”零警情，“两抢”的阴霾已从晋江天空中消散。外来打工的姑娘柯红叶曾经被抢项链，晋江的治安在她心里留下了阴影。如今，她可以大大方方地戴着喜爱的首饰独自欣赏晋江的夜景。陈文荣说：“公安局投保的“‘两抢’救助险，进一步扩大了保险责任的覆盖范围，增强了社会综治险的内涵。同时倒逼公安机关把‘两抢’案件当命案一样来侦办，一般来说，‘两抢’犯罪分子作案 1 起大部分就会被抓到，作案 2 起的基本上能抓到，犯罪分子几乎没有第 3 次作案机会，严打高压让‘两抢’犯罪分子不敢来晋江作案。”

中央政策研究室原局长王念宁认为，晋江市公安局以人民群众对社会平安的需求为导向，建设人民群众追求的平安，以确保公共安全、提升人民群众安全感和满意度为目标，以体制机制创新为动力，有力推动警务机制改革向纵深发展，大力提升打防管控效能，大力提升公安机关实战能力和执法公信力，赢得了民心。公安系统“晋江经验”，从实践上看是成功的，从理论上看，对推动公安队伍建设、提高我党执政能力研究具有典型的启示意义，值得总结推广。

（文/谢华平　马　群　李　峰　范正利）

山东泰安市公安局："五位一体""四大机制"探索督察工作新路径

【编者按】"五位一体"工作模式和"四大机制"问责体系，坚持严管和厚爱相结合，强调带警要严，爱警要深，保障依法执法的尊严，通过督察督促和思想教育，做好新时期警务督察工作，为推动公安工作提质增效和化解督察不力问题发挥了重要作用。

为进一步加强和改进督察方式，使其充分发挥"督促、查纠、服务、保障"的职能作用，促进公安工作提质增效，有效破解专职督察由于警力不足带来的督察不力的问题，近年来，山东省泰安市公安局积极探索"五位一体""四大机制"的督察工作新路径，坚持把纪律挺在前面，有效解决了警察执法工作中执法不力、执法不公等问题，为推进公安干警阳光执法迈出了坚实的一步，同时通过这套机制的运行，公安干警在执法工作中出现的暴力袭警等伤害人民警察事件得到了有效遏制，为打造新时代"公安铁军"彰显督察工作的重要性，做了有益的探索，并取得了显著成效。

"五位一体"大督察　全面监督无缝隙

"督察 + 督察长 + 相关警种 + 模拟实战 + 大数据 + 第三方"的五位一体工作模式，不仅充分发挥各警种专业性优势及各地督察资源优势，实施联合督导检查；还充分利用大数据资源，开展网上督察；充分利用社会资源开展第三方督察，形成了“网上网下，警上警下”全面无缝隙督察。通过改进督察方式，丰富督察手段，使督察工作更具针对性、专业性、实效性和权威性，有效地促进了警务规范化、执法规范化建设。

（1）推行“督察+督察长”“一把手”亲自督察。市县两级公安机关督察长全部由局长兼任，实现了行政首长权力与督察职能优势的有机结合。两级公安局长认真履行督察长之责，坚持每月至少召开1次党委会听取研究督察工作，重要案件核查、重大警务部署督察随时听取汇报，坚持定期或不定期随督察队进行明察暗访，保障督察职权充分发挥，维护提高了督察工作的权威性。2017年，泰安市副市长、市公安局长、督察长鞠向群在重大节日、重要活动安保工作中采取“四不两直”的方式深入基层一线暗访20余次，挑毛病、找问题、补短板、解难题；对各类重点、疑难、复杂黑恶霸痞案件及有影响的敏感警情，实行“局长盯案”制度，确保每一起案件都能得到公平、公正、依法处理。

（2）推行“督察+相关警种”，组织联合督察。针对重大决策、重大警务活动及问题重大、情况复杂、涉及全局性的重点事项，督察部门与反恐、国保、治安、刑侦等有关警种联合开展督察活动。调用相关信息资源，形成优势互补、良性互动、态势强大的监督合力，使整改措施达到事半功倍的效果。如在泰安市开展的“扫黑除恶”“打击整治枪爆、电信网络诈骗”“清网行动”等专项活动中，有针对性地跟进督察措施，及时发现查纠有令不行、有禁不止、弄虚作假等问题，确保了专项行动顺利推进、取得预期成效。

（3）推行“督察+模拟实战”，开展红蓝对抗式督察。围绕阵地管控、技术防范、应急处突、重点目标安保等领域和环节，采取红蓝双方、背对背模拟对抗形式开展检查。根据不同的督察任务，由督察人员或聘请的社会人员扮演不同的角色，充当蓝方，破封堵、越戒线、闯禁区，进入现场一线，设置真实情境，进行真人实战交锋。通过提高蓝方的进攻能力，不仅最大限度地发现红方（公安机关）问题，而且倒逼整改、堵塞漏洞，进而不断提升反恐维稳处突的应急处置能力。党的十九大安保期间，对全市400余家加油站、汽车站、宾馆、网吧全面开展实名制管理的对抗检查，对20余处重点反恐目标采取放置模拟爆炸装置、携带管制刀具、设置模拟警情等方式开展对抗式督察，查纠安全隐患200余个，确保了各项安保措施的落地生效。

（4）推行“督察+大数据”，进行网上督察。依托“雪亮工程”“天网工程”及网上督察系统，加强常态化网上督察。网上督察就是督察民警足不出户，鼠标一点就可以对重点部位警力部署、治安检查站盘查勤务及派出所办案区、服务窗口等工作情况进行全过程、全时空的监督。其优势就是实时发现问题，及时整改问题，方便快捷、动态实时、精确主动、智能关联，拓展了督察视野，延伸了督察触角，提高了督察效能。在央视2018年春晚分会场安保工作中，充分利用现场视频监控、网上督察手段，及时发现、督促整改问题40余处，确保央视直播和谐、有序，演出现场和演职人员驻地绝对安全、万无一失。央视2018年春晚山东分会场剧组向泰安市局赠送了“平安春晚　稳如泰山”的锦旗，以此表达谢意。

（5）推行“督察+第三方”，借助社会力量督察。充分利用社会资源，开通12389举报投诉平台和“微信督察”举报投诉渠道。聘请特邀社会监督员，把群众“请进来”，带领他们走进警营、走进安保一线明察暗访，反映问题、表达意愿、倾吐诉求，从群众的、社会的眼光来发现安保工作中存在的问题，从而推动解决问题、化解矛盾、维护稳定。2017 年，受理 12389 电话及来信来访举报投诉民警违法违纪线索 100 余件，经直接核查追责问责 49 人次，提出整改意见建议 20 余条，为民警维权正名 15 人次。

四大机制严整改　跟踪督察有实效

强调百次，不如问责一次。泰安市公安局坚持强化四大机制问责，对存在政令警令不畅通、决策部署不执行、制度措施不落实、工作成效不明显等问题，以及违法违纪行为进行核查，分清责任，依法依纪追究责任单位和责任人员。强化督察结果运用，分析问题背后深层次的原因，提出解决意见，指导相关警种部门完善规章制度，提升源头治理能力。

（1）通报曝光机制，敢于亮短揭丑。坚持全面从严治党、全面从严治警，立足抓早抓小、防微杜渐，从小事、细节入手，强化日常监督管理。对工作中的小瑕疵、小毛病，早曝光、早通报、早约谈，以“开门亮丑”的勇气和态度曝光发现的问题，指名道姓，认真剖析，让违规行为晒晒太阳，让违规民警亮亮相、出出汗，让个体的教训成为全警的警示。《泰安市公安机关人民警察违规行为处理暂行办法》规定，对于问题轻微的，在全市公安机关通报，限期整改；问题较重的，在全市公安机关进行曝光或通报批评，并制作成专题片，在全局播放，进行警示教育。在各项督察活动中，督察民警当“钢铁侠”，不做“豆腐匠”，始终坚持铁面无私，较真碰硬，敢于并善于发现问题，盯住不落实的人，扭住不落实的事，把问题整改与问责问效同步推进，直至措施落实，问题整改，取得成效。

针对机关单位容易出现的“庸、懒、散”等问题，突击开展作风纪律大检查。例如，市局公安网站上刊登了一条市政保卫处工作的信息，图片显示一名民警露出白色袜子，该同志违反了《公安机关人民警察着装管理规定》，被全市公安机关公开曝光；刑侦支队上报的工作报告，文中有多处文字和标点符号错误，被通报批评；泰山景区分局一名领导干部，开车逆行被发现，除按《中华人民共和国道路交通安全法》处罚外，还被全市公安机关公开曝光。

（2）一案双查机制，确保整改到位。实行一案双查、一事双查，既对外严格依法查究问题、查处有关单位的违法行为和主体责任不落实问题，又要对内追究相关领导和民警工作不到位、监督管理不力的责任，做到了“问题不查清不放过，整改不彻底不放过，追责不到位不放过”。在督察中发现问题，能现场纠正的现场纠正，不能现场解决的，制作问题清单，明确整改时限要求，下发《督察通知书》或《督察建议书》。各单位“一把手”必须签字认领，亲自督促整改、签批整改意见，并及时向市局报送整改报告。责令问题单位立即整改的，督察部门适时采取“杀回马枪”的方式，突击返回该单位查看整改效果；对限时整改的，开展“回头看”活动，跟踪督导检查，督促整改到位。

对问题较多且多次督导整改仍落实不到位的，市局挂牌、重点督察，限期整改落实。对于挂牌督察的单位和问题在市局主网页上公布，在各级公安机关的窗口曝光，在全市电视台、报纸曝光，接受社会各界和广大群众监督。党的十九大期间，通过严厉的督察问效，全市社会面巡防警力到位率、重要情报信息核查率均达100%，市级公开通缉逃犯抓获率达86.9%，上网逃犯存量从年初的349名，下降至235名，下降32.7%。紧盯“容易滋生黑恶霸痞违法犯罪的强迫交易、敲诈勒索、寻衅滋事、聚众斗殴、非法拘禁、故意毁坏财物、组织卖淫、强迫卖淫、开设赌场”等9类犯罪和故意伤害案件、纠纷类警情，紧盯重点行业、重点领域，紧盯村霸、宗族恶势力，全程督导，坚持“人员不到案不放过、案件查不清不放过、案件不全案全结不放过”，坚决做到斩草、除根、净土。2017年，全市公安机关铲除黑社会性质组织犯罪团伙1个，破获涉恶类案件385起，打掉涉恶类团伙48个，抓获涉恶类人员557人。新泰市人民法院对侦办的周某某黑社会性质组织案件进行了判决，系山东省2018年以来判决的第一起涉黑案件，打响了扫黑除恶第一枪，取得了较好的社会反响。

（3）综合考核机制，强化督察结果运用。把督察工作中的问责问效情况，既纳入对单位的考核、纳入对干部的考核。《县级公安机关和局直单位综合考核实施意见》规定，年内单位3次以上或5人次以上被曝光，2次以上或3人次以上被通报批评的，取消该单位评先树优资格；个人被曝光3次以上或被通报批评2次以上的，取消当事人年内评先树优资格。对被挂牌督察，在规定时限内未摘牌的，实行“一票否决”。出台《关于调整不适宜担任现职干部实施办法》，将督察问责问效情况作为干部考核的重要标准，对同一单位同一问题，整改不到位再次被发现问题隐患依然存在的，约谈其单位主要领导；同一单位同一问题第3次被发现，问题仍然整改不到位继续存在的，视情况停止主要领导职务，并按照干部管理权限和组织程序坚决进行组织处理或调整。2017 年以来，共开展各类明察暗访活动 40 轮次，发现整改问题 330 余件，通报、曝光 72 个单位、35 名民警，党纪政纪处分 19 人次，对不适宜担任现职的 14 名科级及以上干部（包括 1 名县级公安机关主要领导）进行了组织调整。

（4）维权正名机制，体现严管与厚爱。坚持一手抓严管约束，一手抓厚爱激励，制定出台《泰安市公安局维护法律尊严和民警执法权威工作实施办法》，率先成立了由局长担任主任的维护法律尊严和民警执法权威工作委员会。对民警严格执法行为，只要符合法律规范和法定程序的，就坚决支持保护，对没有支持和保护的单位及领导，就认定为失职，坚决维护民警执法权威和法律尊严，旗帜鲜明地为民警依法履职撑腰鼓劲。突出对暴力抗法袭警案件的打击处置，督察等警种部门快速联动，从严从重从快惩处。依法公开公正、实事求是做好涉警舆情处置，对受诬陷的公安机关及民警，及时澄清事实，公开正名。建立民警依法履职免责机制，区分民警执法执勤主观故意、过失，客观公正地对待民警执法过错，非因主观故意产生的不良后果，不追究民警个人责任，也不因网络舆情炒作，加重对民警的处理。

2017 年 2 月 12 日，新泰市公安局石莱派出所在查处一起赌博案件时，遭到刘成均等 4 名嫌疑人围攻殴打，致两名民警和一名辅警轻微伤。新泰市局督察大队牵头刑警、治安、法制等相关警种立即开展立案调查，后移送起诉，12 月 20 日，犯罪嫌疑人刘成均等 4 人以妨碍公务罪分别被判处有期徒刑 7 ~9 个月。

2017 年 11 月，泰安市公安局被中央文明委授予第 5 届“全国文明单位”称号；十九大安保工作被山东省委、省政府通报表扬，被山东省公安厅评为“迎接十九大，忠诚保平安”主题活动优秀单位和“2017 年度全省市级优秀公安局”。2018 年 2 月，督察支队荣记集体三等功，4 名民警立功受奖。

泰安市公安局不断加大督导检查力度，探索创新的“五位一体四大机制”督察工作新路径，使督察工作成为推动公安工作和公安队伍建设的有力抓手，确保政令警令畅通、执行更加有力有效。全国公安督察工作研究专家、城乡统筹发展研究中心副主任李峰在与泰安市公安局领导座谈时强调，事实证明，只有不断加强和改进督察工作，投入更多精力抓督察问效，拓展督察工作的广度和深度，点面结合，多管齐下，才能使警纪严明、警力壮大，使广大公安干警真正做到习近平总书记教导的那样，“对党忠诚、服务人民、执法公正、纪律严明”，成为使党中央放心、老百姓安心的一支精明强干的公安战线队伍。

（文/李　峰　方　贺　侯　伟　张祥磊）

山东泰安市公安局创新机制实现职能“四大转型”

【编者按】“四大转型”的做法打破了传统思路，创新了公安队伍的工作方法，实现了从打击式向研究打击型转变，从社会治安综治式向有效预防型转变，从事后破案式向提前介入型转变，从治表型向深挖掘有效净化犯罪土壤型转变。这样的转型有利于改变其被动地位，对新形势下公安机关深化改革创新、充分发挥自己应有的职能作用以保障并推动经济社会健康发展有积极的影响。

近年来，泰安市公安局着力研究新时代社会治安环境出现的新动态，深刻把握我国社会主要矛盾变化给国家安全、社会稳定、法治环境等带来的新情况、新问题，着力突破传统工作方式，创建“作战单元—合成作战”新机制，着力在超前应对稳定风险、高效打击违法犯罪、主动维护社会秩序上下功夫。其主要做法是深入实施主动警务，将刑事科学技术作为支撑侦查破案、推动警务效能提升的强大引擎；整合警务资源，组建作战单元，加强源头治理，频出“组合拳”。通过“实战+研究犯罪”的组成队伍，以打击的专业化应对违法犯罪的职业化。使公安队伍从以往的打击式向研究打击型转变、从以往的社会治安综治式向有效预防型转变、从以往的事后破案式向提前介入型转变、从以往的治表型向深挖掘有效净化犯罪土壤型转变。泰安市公安局创新机制实现的“四大转型”，助推打防工作更加精准、集约、高效，进而开辟出一条现代警务工作创新发展的新路。

第一大转型：从以往的打击式向研究打击型转变

针对过去的人海战术、大兵团作战已难以适应新时代侦查破案需要的情况，泰安市公安局打破警种壁垒，整合警种资源，切实优化作战机制。

一是创新“作战单元—合成作战”机制，打造侦查破案“特战队”。在网下战场，针对基层一线侦查力量、资源不足、打击效能不高的难题，把核心技术手段和数据资源向一线前端下放延伸，将技侦民警与刑侦民警捆绑组建“作战单元”，将市级权限内所有的数据资源向“作战单元”开放使用，相关警种根据作战需求就是提供数据支撑，从而推动技侦、网侦、图侦、情报、刑事科学技术等多种侦查手段深度融合、一体应用，有效破解了打击职能和资源手段分离的矛盾，为迅速准确锁定犯罪嫌疑人提供了强有力的支撑。目前全市共组建打造16个“作战单元”，完成了全市60%以上的系列侵财案件的侦破任务，确认人员身份信息占总数的75%以上。

二是创新“网警+X”“四快”一体化作战机制，锻造打击网络犯罪“撒手锏”。在网上战场，充分发挥网安部门的核心技术支撑作用，组建网安部门网络犯罪侦查精英团队和警种网上作战专业团队，依托网上警种协同作战平台，形成“网警+X”“四快”一体化作战机制，实现了“一体作战、数据建模、批量破案”的打击效果。自该机制运行开始，尤其是2018年以来，网络犯罪侦破数及抓获犯罪嫌疑人数量呈现“井喷式”增长，同比上升108.63%和161.04%，接连破获“网络赌博案”“非法利用信息网络案”等一大批涉网大要案件，彰显了强大的威力。

三是创新实施局长盯案制度，推动案件全案全结。把公安部确定的容易滋生黑恶犯罪的非法拘禁、寻衅滋事等9类案件及故意伤害类案件共10类案件作为局长紧盯案类，由各级局长盯办，定期发布具体盯办案件情况，责任局领导从案件受理、侦办、涉案人员缉捕到案件移诉、追逃追赃等全流程、全要素盯住不放，一盯到底，推动案件实现全案全结。

四是用好市级公开通缉制度，着力清除在逃隐患。对各类在逃犯罪嫌疑人，及时发布“市级通缉令”，在其家庭、工作、生活等区域广泛张贴、反复张贴，或利用微信、微博等新媒体滚动发布，使在逃人员无处藏身。目前，全市网上在逃人员（214 人）较 2015 年（489 人）下降了 55% 以上，为全省存量最低的市之一。

第二大转型：从以往的治安综合治理式向有效预防型转变

泰安市公安局创新推行“主动警务”的核心要义，就是公安机关要围绕影响政治安定和社会稳定的突出问题和不稳定因素，在警务决策、活动、资源配置和警务机制上做到主动有为、主动发力，有效预防重大事件的发生。

一是严管重罚，狠抓源头管控。制定出台《泰安市公安机关依法从严加强公共安全秩序监管工作规定》，严控自由裁量权，在治安要素管控、公共安全监管、大型活动管理等方面，常态从严，从重处罚，重大活动安保期间一律按照上限顶格处理，以严格的执法挤压违法犯罪空间，减少各类案事件和安全事故的发生。

二是规范警务，狠抓警情处置。对经济纠纷、城市管理、涉医、涉校、拆迁等治安重点领域敏感警情，牢牢把握处理违法行为、消除现场隐患这一定位，专门研究出台警情工作规范，全流程、全环节、全要素规范警务动作，严防因不作为或处置不到位引发敏感类案件。对属于公安机关管辖的，按程序依法处置；对不属于公安机关管辖的，耐心做好解释工作，将纠纷类警情主动纳入法治化轨道，引导当事人到相关部门按照法律程序处理。对可能危及公共安全、人身安全或者财产安全的，及时果断采取相应措施，保护当事人和财产安全；对构成违法犯罪的，坚决追究其法律责任。近年来，泰安没有因此发生造成重大影响的敏感案事件，“纠纷闹”“医闹”“交通事故闹”等各类“闹剧”基本绝迹。

三是主动联合，狠抓秩序整治。充分发挥公安机关的职能优势，主动牵头，推动建立全市监管执法联席会议制度，形成部门联手、指挥联席、信息联通、研判联商、执法联勤、惩处联动、督查联合的工作机制，成立14个联动执法工作组开展常态化联合执法，持续对旅游秩序、校外托管、非法广告、泰山资源保护、广场舞、噪声扰民等领域的各类突出问题和治安乱象进行整治，改变了相关单位各自为政、单打独斗、头痛医头脚痛医脚的局面，也通过建立依法移交机制，倒逼和推动相关单位落实主管责任，实现了公共秩序的明显好转。尤其在国家卫生城市复审、全国文明城市创建及重点项目建设等方面，更是不讲困难，不打折扣，打头阵、争主动，开展秩序治理，净化了泰山的旅游环境，服务全市发展大局，受到市委、市政府的高度评价，获得社会各界一致认可。

四是公开曝光，狠抓氛围营造。本着能曝则曝、应曝尽曝的原则，依托各级各类载体平台，对扰乱公共秩序、破坏旅游秩序、妨害交通管理、涉黑恶典型案例等11类违法犯罪行为及相关信息进行公开曝光，并建立与纪委监委、金融、工商、质检、卫生等部门的犯罪信息相互通报、交流交换机制，积极推动违法犯罪记录与个人信用、相关职业准入挂钩，充分发挥警示、惩戒和宣传、教育作用，在社会上营造浓厚的遵法守法氛围，收到以儆效尤的效果。

第三大转型：从以往的事后破案式向提前介入型转变

泰安市公安局不断强化预警处置，以应对暴恐案事件威胁和处置群体性事件为重点，坚持实战标准，做足实战准备，完善应急处突体系，提升应急处突能力。

一是做灵预警指挥体系。坚持人力与科技并重，把情报和数据资源向反恐维稳聚焦，组建“反恐大数据中心”和情报联合研判机构，完善多警种参与的情报研判机制，依托“情报信息+指挥调度平台”，实现情指一体、情勤联动，确保第一时间将各类情报信息点对点、点对面推送下达到相关单位和民警，为快速发现处置各类案事件赢得时间和主动。研发的“泰山盾”快速布控系统，实现了对重大活动安保全域智能化、可视化指挥和掌控，在春晚泰安分会场、上合组织青岛峰会等重大活动安保工作中作用突出。

二是做足专业力量准备。按照“特、专、精、强”的定位，积极推动市、县两级特巡警队伍改革，将便衣抓捕等非核心职能剥离出来，配备高精尖车辆、武器装备，着力加强常态化实战训练，打造应急处突尖刀队伍。目前，全市在不影响日常勤务的情况下，可随时拉动至少1000名警力，在应急突发事件初始阶段，基本能够按照饱和用警、专业处置的标准，迅速形成大兵压境、有效控制之势。同时大力发展警犬技术，积极将警犬应用到应急处突等工作中，形成“人+犬”的常态工作模式。泰安也被确定为全国首个“警犬技术建设市级示范点”，参与G20杭州峰会、“一带一路”高峰论坛、金砖国家领导人厦门会晤等重大安保任务56次。

三是做优实战机制准备。在全市层面，每年都要组织开展3次以上的100～1000人不等的小范围、跨区域应急处突实战演练，健全完善了各类处置方案、预案，全面提升远程机动、跨区域协作和现场处置能力，时刻做好打硬仗、打大仗的准备。

在区域层面，组建了 7 支应急突击队，分布在车站、广场等城区重点部位，敏感时期实行 24 小时武装巡逻、战备执勤，与其他社会面巡防力量有效衔接互动，确保在重点部位实现对应急突发事件的“一分钟现场处置”。

第四大转型：从以往的治表式向深挖掘净化犯罪土壤型转变

泰安市公安局坚持主动出击，严厉打击群众反映强烈的各类违法犯罪，频出“组合拳”。针对“黄赌毒”违法犯罪，泰安市公安局立足源头治理，铲除滋生“黄赌毒”的载体和土壤。他们从歌舞厅、洗浴中心、洗头房入手，坚持标本兼治、源头治理，健全动态管控体系。坚持夯实基层基础，进一步明确治安部门、派出所、责任区民警的职责划分，建立娱乐场所的常态化管理模式。针对此类违法犯罪反复性、长期性和顽固性的特点，采取重点清理、多警联动、暗访侦查、异地用警等常态化的强有力措施，制定出台了打击“黄赌毒”违法犯罪工作责任机制，将打击锋芒直指“黄赌毒”违法犯罪活动的组织者、经营者和幕后“保护伞”。制定出台系列制度规范，对不作为或为“黄赌毒”充当保护伞的民警进行问责，有效杜绝了“黄赌毒”现象。

泰安市公安局适应新时代改革强警、科技兴警战略要求，推进警务保障体制改革与现代科技手段应用深度融合。合成作战单元工作机制打破了传统意义上的刑警中队界限和区域归属，将各类警种进行有效融合，探索创新主动研判、主动打击、主动治安、主动服务的“主动警务”机制，实现职能“四大转型”，起到了破难题、补短板、强长项的功效，不仅提高了公安机关驾驭社会治安局势的整体能力，更让以实战单位为主的公安机关向科技型、研究型领域转型迈进一大步，使治安乱源和隐患从源头上得到有效治理。目前，泰安市没有突出的社会治安问题，8 类主要刑事案件连年下降，刑事警情常年保持在每天 10 余起的低位，社会秩序持续向好。

（文/谢华平 李 峰 马 群）

第三章　推进绿色发展

重庆环卫集团：变建筑垃圾为宝，创绿色循环经济

【编者按】变建筑垃圾为宝的做法，既节约资源又解决了城市建筑垃圾处理、占用土地问题，把建筑垃圾变为新能源，环保又经济，破解了城市发展与环境破坏之间的难题，同时也创造了新的就业岗位，拉动了企业创业创新发展，开创了一条高效、安全、资源节约、环境友好的城市化发展道路。国家住建部领导对此做了重要批示，重庆模式成为城市建筑垃圾处理的良好典范，进一步推动了全国城市建筑垃圾处理的工作。

坚持绿色发展，坚持节约资源和保护环境，是一项基本国策。我国改革开放 30 多年来，随着经济的高速发展，资源短缺与环境污染问题日益突出。目前，我国仅建筑垃圾产生量就已占城市垃圾总量的 40% 。权威资料显示，我国仅一座中型城市，每年就要占用 50 余亩土地堆放建筑垃圾，全国建筑垃圾挤占的土地数量巨大，有效解决资源短缺、垃圾堆放占用土地与环境污染问题迫在眉睫。

重庆市环卫集团采用国内领先的“破碎、分选、制料、配

料、制砖”工艺，将废弃砖瓦、混凝土、木材、管材、沥青等建筑废弃物及建筑弃土全部回收进行再加工，从而开发出了新型环保再生建材，变废为宝，既节约资源又解决了城市建筑垃圾处理、占用土地问题，把建筑垃圾变为新能源，还创造了新的就业岗位，拉动了企业创业创新发展。

坚持创新发展，打造绿色循环经济

据新华社等媒体报道，我国目前建筑垃圾“超载”的现象已成为城市“顽疾”，其产生量巨大且日益增多，但资源化利用严重不足，由此带来的资源浪费、环境污染等问题亟须破解。这对形成人与自然和谐发展的现代化建设新格局，推进美丽中国建设影响颇大。

为破解城市发展过程中带来的“垃圾围城”难题，2010年，重庆市政府率先在全国展开对建筑垃圾消纳场进行统一规划、统一建设和统一运营管理的工作。重庆市环卫集团抓住契机，利用建筑弃料生产新型环保再生建材，率先在全国实现建筑垃圾无害化处理和资源化利用。

为了推动低碳循环经济发展，建设清洁低碳、安全高效的现代能源体系，全面节约和高效利用资源，树立节约集约循环利用的资源观，重庆市环卫集团分别建成了两个建筑弃料厂，利用建筑弃料生产骨料、标准砖、透水砖等新型环保再生建材。

目前，公司投入运营的建筑弃料厂年资源化利用建筑弃料达140万吨，处理能力居全国同行第一，并采用国内领先的“破碎、分选、制料、配料、制砖”工艺生产再生建材，整个生产全过程在全密封的厂房内全自动进行。厂房内安装有全自动喷雾降尘吸尘系统，除尘效率达90%以上，粉尘浓度低至22毫克/立方米，远低于国家标准规定的120毫克/立方米，彻底解决了建筑弃料运输、倾倒过程中将影响空气质量、污染水环境等问题。

筑牢生态安全屏障，促进人与自然和谐共生

筑牢生态安全屏障，促进人与自然和谐发展，构建科学合理的城市化格局、农业发展格局、生态安全格局、自然岸线格局，推动建立绿色低碳循环发展产业体系，是现阶段国家工作的重中之重。据统计，我国在砖混结构、全现浇混凝土结构等类型的建筑施工过程中，每1万平方米就会产生500～600吨的建筑垃圾。由此推算，我国每年仅建筑施工过程中就产生超过4000万吨的建筑垃圾。

但我国现行建筑垃圾处理方式主要分为以下几种：大部分送消纳场填埋；有的用于回填等；部分进行资源化利用。填埋的建筑垃圾中，绝大部分未经技术处理；简易填埋方式实行的是“垃圾搬家”。由此导致越来越多地下水带被污染，优质土壤被破坏。

与此相反，国外发达国家的建筑垃圾资源化利用率平均达70%以上，欧美等发达国家利用率甚至达95%以上，但我国建筑垃圾资源化利用率只有5%左右。重庆市环卫集团在多次考察、比较国内外先进建筑垃圾处理技术和工艺设备后，投资建设了两座建筑弃料厂。

目前，两厂年资源化利用建筑弃料140万吨，可减少采土采石74万立方米、减少建筑弃料堆放用地。若按照取土和堆高均2米计算，年节约土地资源达1102亩。同时，再生建材为全自动电气化生产，无须烧煤，年节约标准煤1.3万余吨、减排二氧化硫208吨、二氧化碳3.7万吨。

实践证明，1 吨弃料经破碎后可产出 0.65 吨骨料，可生产 70 块标准砖。按年资源化利用建筑弃料 140 万吨算，重庆市环卫集团投资的两厂可年生产骨料 35 万吨、标准砖 6 万立方米、透水砖 91 万立方米。目前，两厂已累计生产各类砖 300 多万块、骨料 6000 余吨，产品全部销售一空，主要用于主城区市政人行道及相关公共设施项目。建筑弃料的有效利用，既减少了能源消耗，又减少了温室气体排放，环保效益十分显著。

有关专家表示，建筑垃圾处置是城市化发展中必须面临的环境治理问题，重庆市环卫集团“变废为宝”的做法，在破解城市发展与环境破坏之间的难题时，具有厚植发展优势，有利于地方政府、企业牢固树立并切实贯彻创新、协调、绿色、开放、共享的发展理念。

建筑垃圾的资源化和循环利用，为企业转型、优化生产要素配置、培育发展新功能带来了新契机，其安全、高效、环境友好的发展模式，对其他地区有着重要的借鉴意义。

（文/谢华平　李　峰　刘庆斌　薛应军）

山西平陆：以治“三荒”为契机
发展绿色循环养殖

【编者按】 绿色循环养殖的做法，技术设计合理、切实可行，辐射带动作用明显，经济效益、社会效益和生态效益得到同步实现，对推动农村产业结构调整和产业兴旺，构建生态宜居的现代化农村具有十分明显的现实和长远意义。

党的十八届五中全会要求，坚定不移走中国特色新型农业现代化道路，坚持以改革为动力，以科技为引领，以法治为保障，加快转变我国农业发展方式，推进农业“调结构、转方式”。

山西省平陆县东恒养殖有限责任公司以此为契机，先期投入1500万元，建设高标准羊舍1万平方米，将带动农牧民致富与“荒山荒坡荒沟”流域治理结合起来，大力发展现代畜牧业。

以调结构为基础，构建高标准绿色养殖

农业农村是保障经济持续健康发展的“压舱石”，是调节劳动力就业波动的“蓄水池”，是扩大消费新的增长点。只有持续不断夯实农业基础、巩固发展稳粮增收好形势，稳定农产品供给和价格，才能为适应新常态稳定市场信心、扩大回旋空间、增强应对底气。为增加养羊业的经济效益，发展及优化畜牧业结构，推进节粮型畜牧业结构的建立，东恒养殖公司进行了深入调查研究。

通过系列研究，东恒养殖公司发现，自20世纪90年代以来，肉羊业已成为国内外畜牧业发展的重要组成部分，其发展前景广阔。一方面，国际市场上绵羊肉、毛价格之差，促使了世界养羊业重点的转移和绵羊生产结构的调整；另一方面，由于羊肉蛋白质含量高于猪肉，脂肪含量低，钙、磷、铁等矿物质明显高于猪肉、鸡肉，特别是羊以吃草及其他天然植物为主，因而羊肉受污染少，越来越受到广大消费者的喜爱，人们对羊肉的需求量也逐年增加。

实施农业结构调整是我国农业行业的重点工作之一，而畜

牧业又是大农业的重要组成部分。但我国人口众多，发展畜牧业的料地不断减少，粮食生产不足，饲料严重短缺。羊作为反刍家畜，具有特殊的消化功能，在饲养过程中可以充分利用青、粗饲料和农副产品，生产出蛋白质含量高的生活必需品，而建设商品肉羊场，又能为社会提供更多的优质肉食品，从而促进了节粮型畜牧业的快速发展。于是，经过充分论证，东恒养殖公司先期投入1500万元，建设了1万平方米的高标准羊舍，开始完善的高标准绿色循环养殖。

以治理“三荒”为基础，发展生态循环畜牧养殖

2013年8月，东恒养殖公司再次投入资金，扩充养殖规模，在原占地51.6亩的基础上，将养殖建设用地扩大到97亩，依据养殖良好发展势头，陆续建成了羊舍、隔离间、饲料库、办公室、洗浴、库房等配套工程和设施，还解决了当地300多户村民的吃水用电问题。

草资源是构成生态系统的主体和发展养殖业的主战场，但也是至今遭到破坏最严重的生态要素。如何从根本上消除超载过牧这一造成草地“三化”的人为因素，使草地有休养生息的机会，植被得以再生和恢复，既是加快我国生态环境治理的关键，也是畜牧业持续发展的动力。为此，东恒养殖公司创造性地实施了以治理“三荒”为基础的生态循环畜牧养殖模式：摒弃过度放牧导致草畜矛盾激化的传统，以带动周边农户脱贫为宗旨，与养殖场周边的荒山、荒坡、荒沟“三荒”权属管理部门协商，整合资源，引入资金，实现治理与现代畜牧业进行有效结合。

为彻底扭转传统式畜牧业发展模式过度放牧带来的生态环

境破坏现象，一方面，东恒养殖公司积极与农民签订种植优质牧草的订单，扩大种植面积，为其提供强有力的草料保障；另一方面，该公司积极与当地政府沟通协调并系统、科学论证，探索“三荒”流域治理。目前，经过相关专家考察、研究，现有签约“三荒”治理面积约为6000~10 000亩。“三荒”流域治理工程不但美化了养殖场周边环境，而且防止了水土流失，为东恒养殖公司的后续发展提供了有力保障。同时，该工程还带动周边300多户村民共同致富，避免了当地年轻劳动力因外出务工形成的留守儿童、孤寡老人现象。

有关专家表示，东恒养殖公司提出的“优质商品肉羊繁育场建设”项目，不但符合国家产业发展规划，与国家农业中长期发展规划相一致，而且技术设计合理、切实可行，辐射带动作用明显，有较高的经济、社会和生态效益，对促进农业调结构、稳增长，解决“三农”问题，“美丽乡村”“生态中国”建设，都具有十分明显的现实和长远意义，值得研究总结。

（文/李　峰　马　群　薛　军　张卫国）

山西闻喜：治愈城市“癌症”　实现生活垃圾全资源化再利用

【编者按】城市生活垃圾处理工程是一项具有良好的社会效益、环境效益和一定经济效益的公益工程。山西益尔利环保设备工程技术有限公司的综合处理技术，可以更好地破解“大城市病”，推动城市生活垃圾“变废为宝”，取代以往单一的垃圾处理方法，不仅适合现阶段我国生活垃圾无害化处理的实际需要，更能以科技创新为生态文明建设注入强大动力。

随着我国社会经济的快速发展、城市化进程的加快及人民生活水平的迅速提高，城市生产与生活过程中产生的垃圾废物也随之迅速增加，生活垃圾占用土地、污染环境的状况及其对人们健康的影响也越加明显。

在城市化进程中，垃圾作为城市代谢的产物是城市发展的负担，世界上所有城市都面临着垃圾围城的困局。垃圾被认为是最具开发潜力的、永不枯竭的“城市矿藏”，是“放错地方的资源”。这既是对垃圾认识的深入和深化，也是城市发展的必然要求。但是垃圾分拣的量太大、成本太高，加之垃圾综合处理技术不成熟，使垃圾处理越来越困难，也成了世界性难题。

为破解“城市垃圾围城”的难题，有效解决因城市生活垃圾产量与日俱增带来的环境污染问题，山西益尔利环保设备工程技术有限公司，通过近年来对国内外生活垃圾处理设备的考察、调研、分析和对比试验，成功研制出国内较为先进的城市生活垃圾分选设备和用于城市生活垃圾资源化利用的垃圾处理技术，能提供一种城市生活垃圾综合处理高效分选系统，将城市中收集回来的成分多样、属性复杂、大小不一、干湿混合的城市生活垃圾进行精准分选，分选率高达 90% 以上。在分选过程中除去垃圾中的有害成分，避免对环境和人体造成危害，从而达到垃圾资源的综合治理和降污除害的效果。

有关专家指出，山西益尔利环保设备工程技术有限公司技术团队成功研发的城市垃圾处理系统，进一步转化、利用垃圾中的可利用成分，让垃圾中的资源得到充分的利用，变废为宝，真正实现了城市生活垃圾快速化、无剩余化、资源循环利用化、产业化大格局的形成。此系统研发的成功预示着又一次环保革命的到来。

技术创新别具一格　治污还清指日可待

随着城市人口数量的快速增加，全国城市垃圾产生量和清运量也在大幅度增加，环境污染问题不断加剧。社会上很多处理厂家都提出“变废为宝”，但都没有达到预期效果，只是部分的分选几样，其余的焚烧、填埋。城市固体垃圾焚烧因垃圾含水率高，助燃需消耗大量能源，若处理不当，极易产生剧毒物质二噁英，并随着烟气排放到大气中。这种处理方法仅能达到减量化，达不到无害化和资源化。而填埋法占用了大量不可再生的土地资源，且渗滤液处理费用高，易造成地下水资源污染，同时二次污染严重且四处飘散，还因发酵产生易爆炸的甲烷气体等，存在严重的安全隐患。垃圾填埋场又成了自然堆放、自然净化的场所，污水遍布，蚊蝇滋生，臭气熏天，二次污染严重。

山西益尔利环保设备工程技术有限公司致力于垃圾分解和资源再生的研究，针对上述两种垃圾处理方法的特点和不足，科研团队经过数年深入垃圾场的实际考察、研究、反复试验，科学推论，深入了解生活垃圾的习性，认真分析垃圾的特点，结合国内外处理生活垃圾的经验，突破了垃圾分类这一关键性技术难题，开发了用于城市生活垃圾资源化利用的垃圾处理技术。该技术结合了机械自动化控制，采用了独创的流体环境，机械生物分选方法与装置，污水综合处理循环利用、TR 微生物除害等技术，系统自动化程度高，可将混合物生活垃圾分类处理。垃圾经过综合处理，通过多道科学工序，生成塑料颗粒、纸张、有机肥、环保用砖、钢铁原料、生物棒和其他原料等，废弃垃圾变为多种资源，真正有助于推动节能、减排、低碳、循环的经济产业政策和可持续经济模式的发展。该工艺流程最大的亮点是：设备紧凑，占地少，自动化程度高，秉承“进口是垃圾，出口是产品”的理念，全封闭式，没有污染。

垃圾分类零废弃　循环再生变资源

设备最大的优点是分选种类清晰，变废为宝，基本达到了零排放。按分选种类分析估算，以中小城市为例，日处理垃圾200 吨，回收种类按以下百分比计算。

塑料占 10%，为 20 吨/天，分选后通过挤塑机深加工成塑料颗粒，每 2.5 ~ 3 吨加工 1 吨，成品颗粒为 7 吨/天，年产值>2000 吨。如果全国约 2000 个中小城市都用山西益尔利的生活垃圾分选处理设备技术，则全国一年能创造资源约 4 000 000 吨。

废纸占 15%，为 30 吨/天，每顿废纸的利用率为 75% ~ 80%。分选后加工成普通纸张为 23 吨/天，以全国约 2000 个中小城市计算，一年（按 365 天计）能给国家创造成品纸张 16 790 000 吨。目前世界上发达国家如日本的废纸回收率为 78%，德国为 83%，而我国的废纸回收率比较低，仅为 30.6%。每年流失大量废纸，相当于浪费了许多森林资源。我国的造纸原料中，废纸占 44% 左右，废纸进口量约占世界总量的 1/3，每年要花费大量外汇购买国外的废纸作为主要原料。按照国家标准，每顿废纸可再生 0.8 吨新纸，生产 1 吨纸可降低生产成本 300 元，全国每年再生纸张 1 829 000 吨，废纸再生利用的生态环境效益非常可观。今后几年，我国对废纸的需求量仍然很大，提高国内废纸的回收率，合理利用废纸资源，建立科学、完善的废纸回收系统，采用行之有效的资源化利用模式，木材砍伐量和废纸进口量将大大减少，生态环境质量会进一步改善。

有机肥占60%，为120吨/天，约3吨原料可制有机肥1吨，每天制有机肥40吨，一年制有机肥12 000吨，则全国约2000个中小城市一年能给国家创造有机肥24 000 000吨。

金属（铁）占0.5%~1%，约为1.5吨/天，年产值＞300吨。全国约2000个中小城市一年将创造铁资源1 000 000吨。每回收1吨废钢铁可炼优质钢0.9吨，比矿石冶炼节约47%的成本，减少75%的空气污染和97%的水污染和固体废物污染。无磁性（铝、铜、合金等）占0.3%，为0.6吨/天，年产值＞180吨。全国约2000个中小城市一年将创造资源360 000吨。铝箔占0.2%，为0.4吨/天，年产值＞120吨。全国约2000个中小城市一年创造资源240 000吨。不可利用资源占5%，为10吨/天，分选后加工成生物棒，年产值＞3000吨，生物棒可作为有机肥的烘干燃料用。废衣服、布料、鞋不定量回收再利用可做成油毡等。

在生活垃圾中无机物的比例占7%~8%，在特殊环境下无机物按现场选定，占比超过20%可加工制成城市绿化带花砖和无压力建筑用砖，低于20%则可用于制作有机肥的辅料。

城市生活垃圾处理工程是一项具有良好的社会效益、环境效益和一定经济效益的公益工程。垃圾变废为宝、环境治污还清的生态问题不仅是人民群众的期盼，更是时代文明、城市建设进步的要求。山西益尔利环保设备工程技术有限公司以最环保的设计理念研发的生活垃圾成套分选设备实现流程自动化一条龙，真正地号准了“城市生活垃圾癌症”的脉搏，精准开方，将混合物生活垃圾分类处理，达到无害化、资源化。让废纸、塑料等可回收垃圾进行再利用，做好源头的“减法”，使宝贵的资源得到重复利用，做好循环发展的“加法”，保护生态环境的同时又节约了无害化处理费用，创造了经济和社会效益上的“乘法”。从长远考虑，利用生活垃圾综合处理技术取代以往单一的垃圾处理方法，这是发展中国家生活垃圾处理技术的发展趋势，也是进行垃圾无害化、减量化和资源化利用行之有效的方法。发展生活垃圾综合处理技术，以较高的资源回收率及尽可能小的环境影响为目标，符合我国国情，更符合我国可持续发展要求的新路子。

（文/李 峰 马 群 杨 曦 方 贺）

陕西三河流域：保护有“方” 开发有“道”

【编者按】三河流域治理和水土保持工作模式，是生态保护领域公共服务、政府和社会资本共治共享的新型合作模式，有效推动了生态保护与科学开发的联动协调和高质量发展。同时还构建了传统农业向现代农业转变的产业体系，探索出了一条中国特色的农业现代化道路。

黄河是西北、华北地区的生命之河，是各流经区域社会发展的生命线。洛河是黄河流域水多沙少的支流之一。渭河作为黄河第一大支流，灌溉养育了陕西六成以上的人口，被当地誉为“母亲河”（黄河、渭河、洛河，以下简称“三河”）。但人类对自然资源的不合理开发和利用，不仅对人类赖以生存的生态系统造成了严重危害，更危害了人类的健康，制约了经济的可持续发展。

随着经济全球化的快速发展和人口城镇化进程的加快，工业废水和生活污水排放量逐年增大，污染物排放总量超过水环境容量，导致水质严重超标、污染事件不断发生，生态环境日趋恶化。污水长期灌溉造成农村水环境和土壤生态环境恶化，影响中国农业的可持续发展。

近年来，陕西三河流域生态环境不断恶化，水土流失、水污染、水资源短缺、汛期洪水威胁等问题拖了陕西经济发展的后腿。虽然各级政府采取了一系列措施，但离国家生态环保达标标准还有一定距离。对此，有关专家表示，三河流域治理要立足于三河流域，统一综合治理，要有整体规划，治理的同时在三河的荒滩发展现代有机绿色农业，造福于民，对现代农业有序、合理开发，在打造绿色有机农业的同时，让老百姓自觉抵制污染源排放。让蓝天碧水永固，让绿色家园永续。

构建政企联手长效机制　实现流域生态环保目标

渭河是三河之一，也是黄河最大的支流，主要流经甘肃、陕西两省，是历史上“林草丰茂”的“风水宝地”，生态环境良好。关中地区工农业非常发达，是陕西省政治经济、科技、文化发展的中心地域，作为大西北的门户和通向大西南的重要枢纽，具有明显的区位优势，从古至今对陕西的发展都有着举足轻重的作用。

渭河流域生态环境保护是一个范围大、内容多，由比较复杂的多方面因素构成的庞大体系。政府对流域生态环境保护相关的规划很多，但是由于各地区、各部门协调不足，规划间没有明确的关系，缺乏接口和控制，规划内容不统一，致使流域生态环境保护规划没有形成体系。因此渭河治理应该纳入法制化轨道，改变以往政出多门、多头无序管理等现象，用法律形式来规范、约束政府行为，充分调动社会各界力量来共同加强治理。

进一步加大力度治理不仅是政府迫在眉睫的事情，更是要集全社会之力，把生态环境保护的意识形态根植于广大群众心中，动员全社会，做到保护渭河的生态环境人人有责，从千万个支流源头上做起，将诸多隐患消灭在萌芽状态。

陕西美奇艺文化产业发展有限公司筹建了公益性非营利企业“渭河流域生态环境保护预警信息促进工作会”，旨在构建政企联手共管的长效机制，着力保护渭河生态环境、造福百姓、解决政府之难，目前有组织管理等人员共 53 名。在流域重点区段拟约 10 平方千米配备 1 名预警员，也是以精准扶贫为目的，严格按照经济困难户优先录用的规则，对其进行相关生态环境保护专业知识培训，培训合格后，每人发给“渭河生态环境保护预警员”上岗证持证上岗。

预警员就是一个生态资源保护知识的宣传员，在其当地所规定区域范围内长期进行巡查，以各种活动形式广泛深入群众，开展当地的宣传工作。通过宣传，提高全社会的环境保护意识。长期不断地发展志愿者和支持者，能更好地凝聚全民力量，使渭河生态环境保护工作无死角，让高效率成为新常态。要对区域内政府、社会各企事业单位，工农业生产，建筑工程等影响流域范围内生态环境的行为及时有力地引导和监督。同时还要当好信息情报员，一旦发现水土流失、破坏生态等较大的问题，要第一时间报告预警信息，把问题解决在萌芽中。发现重大问题之后，立即进入执法程序，并及时汇报给政府主管部门，进行联合执法。

自从渭河流域生态环境保护预警信息促进工作会7月运营以来，初步短期培训了部分预警员，并对他们的工作进行了考核。预警员分别利用集会时间在人群集中地段进行现场宣传，利用横幅、海报张贴和手机微信等方法，不断努力进行生态环境宣传。7月和8月，渭河南山支流渭南段多次突发暴雨，预警员不辞辛苦，对辖区内各段进行了细致的巡查。尤其是上游水库泄洪时，预警员对河道附近危险地带居住的群众及时进行疏散，未发生人员伤亡事故。

渭河流域生态环保预警信息促进工作会将统筹策划、企业科学化运营、军事化制度管理，培养专业化的环保设施建设与运营体系的高素质团队，定期组织预警员进行专业知识和职业道德培训，定期对预警员的工作成效及职业素质进行考评。如果政府能够简政放权，给予预警员在工作上配备一定的监督权，相信他们的工作效率定会大大提高。

开发盐碱荒地　实现传统农业向现代农业的跨越

三河流域的农业是我国重要的生态屏障，是国家生态安全和区域食品安全的保证。目前，三河流域农业生产中存在的问题主要为生产水平低、农业结构单一、社会需求与资源环境之间的矛盾突出等。根据农业生产的现状与存在的问题、结构调整的原则和比较优势分析，三河流域农业结构调整的关键是强化特色农业的发展。随着经济全球化的推进，我国市场经济体制的建立不断完善，传统农业的困境日益凸显。因为传统农业的资源配置是低效率的，其虽然解决了过剩农业人口的就业和生存问题，但对整个社会经济的发展做出的贡献极少，这种“就业”实际上是一种隐性的失业，必然会给整个社会经济的发展埋下“隐患”。

大荔扎根渔业有限公司作为带动周边养殖户增产增收的龙头企业，依托区域的自然资源，按照尊重自然、高于自然的基本原则，本着不与粮争地、不与人争水的发展理念，将黄河荒滩农民由于低产甚至绝收而撂荒的盐碱地 2 万余亩流转过来，变废为宝。在先保护后开发的前提下，大荔扎根渔业有限公司充分利用盐碱荒滩地水草的丰富资源，由点带面，从事水产养殖、苗种生产及销售，大力发展立体式种养产业。经过几年的运营，渔业生态经济区已现雏形。目前，生态经济区拥有 2.3 万亩鱼、莲、稻，其中成鱼精养面积 1 万亩，鱼种培育面积 0.1 万亩，莲菜池 0.9 万亩，水稻面积 0.3 万亩。年培养夏花 5000 万尾，冬片 0.2 万吨，年产成鱼 1.5 万吨，养殖品种以“四大家鱼”为主，兼有斑点叉尾鮰、中华绒螯蟹。水产品大部分销往陕西、甘肃、青海等地。试种的莲菜亩产 1500 千克，产值 5000 元；水稻亩产 500 千克，产值 2000 元。渔业生态经济区年产值近 2.6 亿元，帮助 1800 多名农民摆脱了贫困，走上了致富路，取得了明显的经济效益和社会效益。

大荔扎根渔业有限公司带动农民一起发展优质、高产、高效、安全的现代渔业，共同形成较大规模的立体生态基地，达到帮助周边农民迅速脱贫致富的目标，先富帮后富，走共同致富之路。采用“公司下订单—合作社管理—农户生产”的模式，公司将 2 万亩鱼塘、莲池分包给农户，由农户自己种养。在几十千米的黄河沿岸，有了一道绿色农业的屏障，各家各户彻底将污染源堵截在外围，并自觉监督有可能出现的污染源，真正做到了将污染扼杀在源头。公司负责水产品销售，进行统一收购。专业合作社和县水产站合作建有专业的渔病诊断室及病害检测仪器，负责生产环节的技术管理。合作社统一采购鱼苗，进行技术指导，农户负责种养。近年来，每亩鱼塘产值都稳定在2万元以上。“公司+合作社+农户”的生产经营模式，确保了种养户养得起、卖得了、有稳定收入，降低了种养风险成本。

现代农业从根本上说是农业科技的现代化。依靠科技进步，加快农业科技的创新和先进技术的应用，建立支撑现代农业建设的重大科技项目是推进现代农业建设的根本路径。大荔扎根渔业有限公司按照“发展经济、技术当先”的规划，积极与省内水产科研、管理机构建立科技合作。公司提供试验基地，科研机构进行新品种、养殖新模式试验，对试验成功的公司优先养殖、优先使用。2013年与大荔县水产站签订了技术委托协议，利用公司的资金优势和县水产站技术力量进行养殖合作。公司的110名专业养殖个人在县水产站专业人员的指导下，重点推广池塘成鱼精养和高产鱼种培育技术。公司基地实施的“黄河滩区盐碱地池塘渔业高效养殖技术”通过了验收，探索出提高成鱼精养和鱼种培育高产的模式。养殖技术的日益成熟，促进了企业的发展。同时，新品种水产品养殖正在进行中。目前，陕西省水产科研所已经引进试养成功的南美白对虾、中华绒螯蟹等新品种，公司正在选址，准备铺开养殖。

发展休闲渔业，提升农民收入。在做好常规的渔业生产经营基础上，根据全县实施的“旅游+战略”，公司提出了“创建水乡渔村，发展休闲渔业”的发展思路，进一步加大休闲渔业的关注力度，大力探索发展休闲渔业，开拓休闲渔业新业态，开发休闲渔业新种类，为社会提供休闲渔业的贸易商品及服务。休闲渔业规模逐年扩大，发展方式逐步转变，呈现出良好的发展态势。目前，公司已将水产品直供到当地的餐饮业，现场结算。同时与政府进行了对接，准备建设集餐饮、垂钓于一体的休闲垂钓园，增加附加值，提升农民收入。

民以食为天，食以安为先。大荔扎根渔业有限公司始终把食品安全生产放在各项工作的首位，注重源头治理和生产过程管理，强化生产经营者主体责任，注重日常规范，构建科学监管长效机制。一是抓制度建设，建立和完善了水产养殖科学用药制度等；二是发挥水产专业合作社的示范作用，通过水产专业合作社实施水产规模化发展、标准化生产；三是严格执行水产生产管理三记录（生产、用药、销售记录）；四是推广循环种养，减少用药品种和数量。

大荔扎根渔业有限公司正在朝着既定的目标前进，今后一段时期，公司将着重抓好以下 6 个方面的工作：一是继续抓好渔业养殖工作，确保品种、单产、总产达标；二是争取上级支持，争取项目，加快经济区道路、供电、进水排水等基础设施的建设；三是争项目，融合资金，对鱼池进行更新改造，完善设施功能；四是争取项目，争取资金，大力发展休闲渔业；五是加大新品种种养引进力度，大力发展高效渔业，引进一批市场青睐、产值高的新品种；六是积极探索种养结构调整，发展鱼鳖混养、鱼莲混养、鱼稻混养新模式，提高每亩附加值，增加农民收入，安定一方百姓。

从传统农业转变为现代农业是一个世界性的大趋势。建设现代农业，是建设社会主义新农村的首要任务，是在传统农业基础上的创新。大荔扎根渔业有限公司依托区域资源，构建了传统农业向现代农业转变的产业体系，构建了符合我国农业现代化建设的粮食安全保障体系，推进农业科技创新，推进农业经营体制机制创新，为增强农业可持续发展能力做出了贡献，探索出一条中国特色的农业现代化的道路，对推进现代农业的发展能产生积极、深远的影响。

打造流域生态建设　实现水资源的综合利用

在三河流域生态环境治理的前提下，以改善河道生态、营造良好区域环境、打造绿色生态河流为主要目标，以“水”为脉，以“绿”为网，构筑生态化、自平衡的人居体系，形成“疏密有致，蓝绿相间”的布局形态。在保证河道生态用水的前提下，通过水生态环境治理，适当规划河湖人工水系和绿色景观，实现水资源的综合利用。

洛河是黄河第二大支流，河流沿线城镇众多，河水不仅灌溉着河流两岸的农田，也给两岸人民的生产和生活带来了极大的便利，但频繁的洪水灾害给沿河的城镇和乡村造成的损失也是极大的。洛河流域环境较差，因缺少维修养护杂草丛生，河滩地多被群众耕种，河槽较窄，常流量很小，在三门峡水库修建后，河道泥沙淤积严重，主流弯曲、弯道顶冲塌岸现象严重。

随着城市化步伐的加快，洛河成为三河流域生态建设的重要一环，群众对三河流域环境景观的要求也越来越高。改善洛河河道及沿岸生态环境，营造良好的水生态环境，对带动相关产业的发展，提高城市品位，提高市民生活质量有着十分重要的作用，因此对洛河流域进行治理势在必行。

洛河流域由西向东依次分步分段打造郊野生态段、创意产业段、城市活力段、历史文化段等四大城市水景文化主题公园，增添旅游休闲新亮点。

郊野生态段将引领绿色可持续发展理念，修复生态伤痕，还原洛河原有风韵，重现自然生态风貌。创意产业段围绕周边高科技产业区，打造休闲放松的绿带地标景观，聚集人气，形成区域经济热点。同时，城市活力段凝聚新老城区商业中心，打造更有活力、更加迷人的河道景观。历史文化段将重现千年古都风采，建设具有洛河流域特色历史风貌的河道景观，还原历史记忆。洛河流域水景文化主题公园秉承地域性、生态化、经济化、人文化等 4 项基本要求，充分融入古都文化，打造国际级滨水岸线。此外，公司还通过建设监控预警信息化系统，实现水环境检测、视频监控、水文信息采集的信息化管理。洛河水系水环境及生态旅游集中、高效、实时、全面的管理将调为智慧模式。

有关专家表示，在治理三河流域生态环境问题上应采取公共服务领域、政府和社会资本合作模式，统筹策划，严格管理，监督预警，实时保护，让三河流域生态环境保护提升一个更高的台阶。将大荔扎根渔业有限公司构建现代农业示范区的建设思路、陕西美奇艺文化产业发展有限公司构建政企联手共管长效机制的设想及洛河流域水系水环境治理及生态旅游集中、高效、全面的管理模式相结合，构建三河流域统一综合治理，从整体规划，合理化建议和可实施举措等方面，对现代农业有序合理开发，在打造绿色有机农业的同时，让老百姓自觉抵制污染源排放，还三河流域碧水蓝天。

（文/谢华平　李　峰　马　群　杨　曦　方　贺）

山东华通集团金融生态模式的探索与创新

【编者按】山东华通集团率先实施的金融生态发展战略，改变了民营担保公司在各大银行之间信誉度不高、业务量不大的尴尬局面，同时也创新了政府只投资不介入经营的模式，构建了全面市场化运作的多元化混合型融资担保机构。这样既能提高担保行业的风险抵御能力，规范融资担保公司的管理，引导商业银行加强与融资担保机构的合作，对解决小企业融资难问题、培育创新型小企业的发展至关重要，为民间金融机构发展树立了样板，也代表了中国经济结构变革的新方式，为我国金融体制改革与发展蹚出了新路子。山东省领导对此做出了重要批示。

近年来，中央及地方政府相继出台了一系列针对中小微企业融资及担保行业的扶持政策，为缓解中小微企业融资难问题起到了积极作用，但现有扶持政策仍存在很多不足：例如，真正受益的中小微企业相对有限，并且政府补贴金额较小，不能解决这些企业发展的资金瓶颈问题。如何解决中小微企业融资难的情况，实现经济稳妥、快速发展，一直都是相关部门要急于破解的难题。

山东华通集团是泰安第一家集国有资本、自有资本和其他民营资本为一体的混合所有制经济联合体。创新了相对完善的混合所有制经济背景下包括投资担保、小额贷款与互联网金融“三位一体”的金融生态新模式，在满足自身转型发展的同时，为更多中小微企业提供金融服务、破解发展瓶颈，助力地方经济发展，做了有益的探索和尝试，取得可喜效果。

困境中探索

国内担保行业，“散、小、弱”，担保机构过多，注册资本金普遍偏低，很难形成全国性、具有一定规模和公信力的融资担保公司，担保机构的“散、小、弱”也导致其公信力、银行认可度不高。我国担保业主要是以融资担保为主，国内政策性担保公司缺乏，8185 家担保机构中，大部分为商业性担保公司，还有一些为政策性担保公司，作用发挥受限，需要接受国有资产保值增值目标考核，以及股东的 ROE、ROA 考核，风险拨备支持、资金补贴等风险补偿机制不到位，在开展政策性担保和再担保业务时因缺乏政策性扶持而显得力不从心。近年来，尽管中央财政和省市各级政府对担保公司补贴总额大幅增加，但相对中小企业的高风险特性，担保公司的风险仍难以得到有效补偿。据统计，2013 年中央财政的补贴金额不足行业在保余额的千分之一，补贴的发放亦具有很大的不确定性，与损失补偿不直接挂钩。

面对如此窘境，泰安市人民政府迈出了超前的一步，在原来华通担保的基础上，协调并联合 3 家国有企业注资 2.856 亿元，占 51% 的股权，实现国有控股的混合所有制担保公司模式，改变了民营担保公司在各大银行之间信誉度不高、业务量不大的尴尬局面。政府管理“退后一步”，只投资不介入经营，虽是国有控股公司，政府只监督，不设置级别，不派驻干部，一个全面市场化运作的多元混合制经济体制雏形浮出水面。

谋划新发展　追求高层次

在金融服务领域成功运营投资担保和小额贷款业务的山东华通集团，2015年在泰安率先提出实施金融生态发展战略，由华通投资担保公司、泰通小额贷款公司、“稳如泰山”互联网金融公司构成的“三位一体”金融生态新模式，成为华通金融服务内涵式发展新架构，标志着以泰安为基地市场、以山东为服务半径的互补性优势已成雏形。

互联网金融主要承担的是中介服务，但截至目前，国内外投资者对金融系统的信任与依赖习惯，如果没有良好的信用管理与资金保障为基础，互联网金融平台的公信力往往受到质疑，生命力也将大大减退。“三位一体”的华通模式解决了这一难题，严格规范的风险控制体系与有力的资金保障，为系统业务的良好发展夯实了基础。这样既满足了投资者基于投资安全的隐性愿景和基于利益增长的显性需求，又集中实现了华通集团和各合作方的共同利益，为其走向新辉煌奠定了基础。

华通模式的成功构建是破解中小企业融资难的又一条有效途径

随着华通金融生态服务模式的构建完成，以顾客需求为中心的新金融服务体系得到越来越多的认可与鼓励，具备了外延式发展的基础。

虽然有部分股份制银行自2014年以来开发了POS贷业务，但由于国家现行金融政策等诸多原因，不符合银行贷款条件的创业者、小企业、个体商户仍然比比皆是。众多草根创业者与小微企业在没有足够固定资金抵押、没有大数据资本支持的情况下，想要从银行拿到贷款的概率仍然是小之又小。因此，选择信用借款、质押借款、担保借款等方式满足需求，大力发展金融生态服务，是对银行业务的拾遗补阙，也是对创业者个人与中小微企业由“输血生存式”到“造血发展式”的强力支持。以基地市场模式通过互联网金融这个链接纽带，与各地实力较强的担保公司、小额贷款公司或民间资本管理机构强强联合，逐步形成“多位一体”的金融生态服务体系，成为全国性金融生态服务网络的组成部分。在破解中小微企业创业、发展过程中资金瓶颈的同时，从更高、更广层面，集合更多民间资本与产业资源，快捷、安全地为各地中小微企业的发展提供支持与帮助。

总结山东华通集团经验有两点值得注意

一是山东华通集团金融服务体系建设和发展的过程，也是帮助中小微企业解决创业、发展资金难题的过程。如果能够得到国家政策层面的进一步支持，相信基于混合所有制经济的金融生态服务链，将可以更多、更好、更快地促进各中小微企业成长，服务于各地经济发展。

二是由政府对信誉好、成长潜力大的民营担保公司注资，建立多元化混合型融资担保机构，提高担保行业的风险抵御能力，规范对融资担保公司的管理，引导商业银行加强与融资担保机构的合作对解决小企业融资难问题、培育创新型小企业的发展至关重要。他们的做法，为民间金融机构发展树立了样板。从某个方面，也代表了中国经济结构变革的方向，为我国金融体制的改革与发展蹚出了新路子，其经验具有较高的借鉴价值和普遍的指导意义。

（文/谢华平　李　峰　李承华　李　静）

国家级生态公益林的尴尬困境探析

【编者按】对公益林等有限资源索取无度，用绿水青山去换金山银山——这样的荒唐事件近年来频频发生。若要对这样的尴尬困境进行分析，建议从各地区的实际情况出发，科学规划和建设生态公益林、科学布局公益林、加强生态补偿机制建设，以有效提升森林资源数量和质量，促进森林结构的改善，从而实现森林资源的持续发展。

为深入贯彻习近平总书记对生态文明建设和环境保护提出的“绿水青山就是金山银山”的生态发展战略，2015 年，城乡统筹发展研究中心精心选取两个案例，邀请各部委相关领导、专家 20 余人，在北京举行了以“守住生态环境底线，是政府和企业共同的社会责任”为主题的座谈会。

通过典型案例研讨，与会专家一致认为，浙江三门县和湖南绥宁县两个案例，具有典型的启示意义，值得深思。

国家级生态公益林下矿产资源被拍卖的荒唐之举

2013 年 12 月 13 日，在三门县沿赤乡沿江村白象山整个矿区存在国家级生态公益林的情况下，三门县国土资源局委托浙江省矿业权交易中心发布《三门县沿赤乡沿江村白象山建筑用石料（凝灰岩）矿采矿权网上挂牌出让公告》，并通过该交易中心组织实施涉案采矿权网上挂牌出让。2014 年 1 月 9 日，新曙光公司足额缴纳竞买保证金 3600 万元，后又以 80 200 万元报价竞得涉案采矿权，并与三门县国土资源局、浙江省矿业权交易中心签订《采矿权网上挂牌出让成交确认书》。签订完成确认书后，新曙光公司才得知涉案采矿权矿区范围内全部为国家级生态公益林，总面积达1100亩（70多公顷）。而浙江省矿业权交易中心向新曙光公司提供的《情况告知书》中说明的白象山为国家级三级生态公益林，但经浙江省林业厅证实，公益林为保护等级更高的国家级一级、二级生态公益林，根据相关法律法规，此地严禁露天开采矿产资源。

中标企业新曙光公司发现国家级生态林不能商业性采石后，要求退出项目，撤销成交确认书，并退还3600万元保证金。对此，三门县国土资源局不予理会，还以未签订《出让合同》为由取消新曙光公司的竞得资格并拒绝退还3600万元保证金。

有关专家提出，不论从国家公益林保护战略层面，还是从法律法规层面，都明确禁止在国家公益林地采石，近年来我国持续推进生态文明建设，成效显著，但生态保护问题在少数地区仍有发生，值得警惕。然而，台州三门县浦坝港镇的海边，国家级生态林白象山，却被县国土局拍卖用作商业性采石。用绿水青山去换金山银山，不考虑或者很少考虑环境的承载能力，一味索取资源的做法实属荒唐之举。

生态公益林被拍卖

2009年11月，为偿还世界银行造林的贷款，湖南邵阳绥宁县关峡苗族乡关峡村委会将本村大冲里等山场公开招标拍卖。同年11月8日，李茂家参加了投标会议。他先交了3万元投标押金，后以21.4万元中标。中标后李茂家一直没有与关峡村委会签订山林买卖合同。

由于招标山场中有公益林，违反了《湖南省森林资源流转办法》（2007）213号文件的规定，李茂家不愿与关峡村委会签订山林买卖合同，并要求退还押金3万元。双方协商未果，关峡村委会以李茂家违反《中华人民共和国招标投标法》的有关规定不肯退回原告的押金3万元。

后李茂家选择将关峡村委会诉至法院。经法院主持调解，双方当事人自愿达成如下协议：原告李茂家所交招标押金3万元，由被告绥宁县关峡苗族乡关峡村委会退还原告李茂家招标押金2.5万元，剩余0.5万元由被告关峡村委会收取，所退押金限在2010年1月31日以前退清。

有关专家提出，生态公益林是指生态区位极为重要或生态状况极为脆弱，对国土生态安全、生物多样性保护和经济社会可持续发展具有重要作用的林地。而生态公益林中的沿海防护林则是大陆的第一道防线，在防灾抗灾、护岸固沙、维护生态等方面发挥着极其重要的作用。不应单纯追求经济效益而不顾环境保护，不能以牺牲环境作为追求经济效益的筹码和条件。

生态公益林建设与可持续发展的策略

随着经济不断发展，我国林业产业也获得了更大的发展空间，公益林建设面积不断增加，促进了环境保护效益的提升，也为林业经济的持续发展创造了条件。参会领导、专家、学者从政治领域到科研领域，从多学科的研究角度就“生态公益林建设与可持续发展的策略”等内容进行了详尽、专业的研讨，并提出以下3点建议。

1. 对生态公益林进行科学的规划

为了促进生态公益林的持续发展，首先需要对其分区进行科学规划，遵循因地制宜、统一规划的原则，从地区的地理情况和环境特征出发，依据不同区域的功能需求，对公益林进行功能划分。与此同时，坚持可持续发展原则，实现地区经济与生态公益平衡发展，从全局的角度出发，坚持分步发展、稳步的提高与公益林的适应性相结合的原则，促进公益林的科学建设。

2. 可持续发展理念下公益林的布局

公益林的布局应当坚持因地制宜的原则，在数量上要保证其分布的普遍性。公益林的面积要达到森林覆盖面积的 40% 左右，以保证其生态效益的发挥，适当集中和分散，形成科学的布局网络，宜集中在江河源头及河流沿岸地区，也要注重在土地沙化严重和人口密度较大的地区进行布局。另外，要从经济发展水平方面考虑，实现公益林生态效益和经济效益的均衡，在促进林区合理布局的基础上，促进林木的合理布局和林分质量的提高。

3. 加强公益林生态补偿机制的建设

为了保证公益林生态效益和社会效益的充分发挥，要促进其补偿机制的建设与完善，依据“谁投入、谁受益”的原则和国家相应的政策要求，促进公益林生态效益补偿机制的建设。根据政府部门的职能需求，将生态公益林的补偿款按照一定的比例提取，以此来为公益林的建设提供更多发展基金，并且按照一定的比例发放给林农，组织更多的林农参与到公益林的建设与管理工作中。另外，政府可以为林农提供贷款支持，将更多资金应用到公益林建设中。在生态公益林的补偿机制方面，可以通过社会补偿和自我补偿的方式来实现。

生态公益林的建设是林业经济发展中一项重要的内容，在保护森林资源、促进森林资源持续发展方面发挥着重要的意义。生态公益林建设能够有效促进森林资源数量和质量的提升，有利于促进森林结构的改善，从而实现森林资源的持续发展。在实际的工作中，要从各地区的实际情况出发，通过有效的举措，促进公益林建设的持续发展。

（文/谢华平　李　峰　马　群　杨丽萍）

第四章　基层工作模式创新

泰安市委办公室构建“三位一体”值班新模式

【编者按】“三位一体”的值班新模式，充分发挥了党委办参谋助手、协调综合、督促检查的作用，切实当好市委的“坚强前哨”和“巩固后院”，是加强大局意识、主动创新做好党委办工作的一次有益尝试，有助于我国各级党委、政府今后的工作方式改革。

为贯彻落实习近平总书记关于扎实抓好办公厅（室）各项建设，真正把办公厅（室）建设成为中央和各级党委的“坚强前哨”和“巩固后院”的讲话精神，泰安市委办公室积极推进内部科室职能整合，对原有值班方式进行改革，着力构建“三位一体”值班新模式，使党委值班工作反应更迅速、执行更高效。

“三位一体”值班新模式：值班+信息+机要

多年来，泰安市委办公室一直沿用传统的值班方式，设立专门的值班室来负责市委的值班工作。由于存在职能单一、与其他相关科室协调性差、容易造成应急信息报送延误、紧急事件处理不及时等问题，市委办公室集思广益，锐意创新，构建了“值班与信息融合，机要有效参与”的“三位一体”值班新模式，以探索性新方式丰富了“坚强前哨”的内涵。其定位和作用是：值班是基础，信息是提升，机要是保障。

推进值班与信息融合。值班与信息融合是新模式的核心，能有效推进二者在思想、机构、人员、业务上实现全面融合。

一是思想上的融合。牢固树立“坚强前哨”理念，在提速、扩面上有着新的提高。提速就是提高值班服务效率。对于一些突发紧急事件，要通过电话、传真和信息快报等形式，第一时间报告。然后，根据事态发展，及时跟进，核准情况，加强续报。扩面就是要打造值班和信息两个网络，扩大信息收集范围，畅通值班工作渠道，把值班和信息工作的触角向基层延伸。

二是在机构上融合。2017 年 3 月，市委办公室将信息调研室与市委值班室合二为一，提高行政规格为内设副县级单位，权威性、协调性和影响力显著提升。

三是在人员上融合。值班业务和信息业务合署办公，有应急情况时，全员参与处理紧急任务。在值班业务不忙时，全员从事信息处理和信息调研，保证人员力量充足。

四是在业务上融合。应急值班和应急信息一体化运作，同步汇报，同步落实，将值班情况、领导干部请假报备等情况列入“信息直呈”和“信息快报”程序中成为重要内容，确保报送程序更加规范准确。对于非涉密信息，推出了“信息直呈”和“信息快报”手机短信（微信）版，重要紧急情况在夜间和领导外出期间也可及时向领导报送。

机要有效参与。涉密信息和情况处置要充分发挥密码通信的作用，有力保障中央和省委、市委之间的政令安全畅通。此外，我们还将值班电话接入市委机要局，要求机要人员参与夜班值班。特殊时期或有紧急情况时，市委值班室和市委机要局需要共同参与夜间值班，每个工作日上午 8：30 召开由值班和机要人员共同参与的值班交接碰头会，互通情况，以防遗漏。有了机要的有效参与，就确保了紧急情况的及时处理和涉密信息的安全迅速传递。

新模式新机制催生积极效应

泰安市委办公室实施“三位一体”值班新模式半年来，积极效应不断显现。主要体现在以下 4 个层面。

处理应急情况更迅速，步调更一致。应急值班和应急信息报送实现了同步化，清除了空档期。特别是有了机要的参与后，保障了涉密信息传递的安全畅通。再加上安排一个领导分管，减少了阅批程序，极大提高了紧急情况的处置效率。

值班业务更规范、报送情况更准确。“值班 + 信息”是对值班程序和效率的提升，信息的各个载体都可被值班所用，使值班工作流程更规范，同时也能更准确地向市委报送信息。通过对值班情况的整理、分析、提炼，可使对值班的感性认识向理性认识升华。从一些苗头性、倾向性的问题中分析出深层次的、规律性的信息，从人民群众反映出来的热点、难点问题中，为信息工作提供新的线索。

信息源更广，敏感性更强。“信息 + 值班”是对信息的加强，应急信息是党委信息体系中的重要组成部分。有了值班的参与，可使应急信息来源更为广泛、更为直接；可在 24 小时内全天候搜集信息，及时为省委、市委报送；可为常规信息工作提供来源和线索。值班工作接触信息广泛，既有人民群众的来访、来电和来函，又有基层和各部门、各单位的情况反映，可以极大地搜集信息，开拓空间。

干部得到全方位的锻炼。值班干部既是值班员，又是信息员，更是分析研判员。机要干部也不再局限于机要业务，接触面更广，视野更开阔，全局意识、责任意识明显增强。新形势和新任务倒逼值班干部不断加强学习，努力提高自身素质，增强了遇事能办、提笔能写、张嘴能说的多项过硬能力和综合素质。

按照“坚强前哨”要求打造过硬队伍

把当好“坚强前哨”标准作为能力考核，“坚强前哨”就是打造过硬队伍，突出六个“强”字。

一是强在政治敏锐性。始终同党中央保持一致，增强政治意识、大局意识、核心意识、看齐意识，从容应对各种风险和挑战，传递党的声音。认真学习马克思列宁主义、毛泽东思想、邓小平理论和“三个代表”重要思想、科学发展观和习近平新时代中国特色社会主义思想，潜心研读马克思主义经典著作和党的创新理论。拜人民为师，向群众学习，提高自己的思想政治水平，增强政治敏锐性和鉴别力，真正做到信仰上不动摇、思想上不僵化、作风上不漂浮、方向上不迷失。

二是强在快速反应力。建设完善的上下贯通、联系左右的值班和信息网络传输体系，建立健全“值班与信息融合，机要有效参与”的“三位一体”大值班模式。加强操作演练，及时发现应急链条中的薄弱环节并加以弥补。完善值班工作制度和流程，严肃值班纪律，将值班意识作为一种政治责任，内化于心，外化于行。加强值班人员素质培养，提高鉴别能力、判断能力和综合处置能力，确保处置突发事件反应敏捷、渠道畅通。

三是强在综合协调力。培养综合协调能力是做好值班工作的基础。不断改进协调方法，加大协调力度，增强协调成效。充分发挥承上启下、联结左右的优势，调动各方面的力量为市委中心工作服务。高度重视加强与各级各部门的联系沟通，牢固树立“一盘棋”思想，增强工作的积极性、主动性和协调性。从“大值班”“大信息”的角度去考虑工作、布置任务，做到想大事不辞小事，办小事心中有大局，真正做到在政治上同心、目标上同向、行动上同步，实际工作协调一致，运转有序。

四是强在敏锐的洞察力。值班和信息是党委工作的眼睛和耳朵。耳朵聪则工作灵，充分发挥值班和信息的职能作用，全天候为市委提供及时、准确、有价值的信息服务。要善于在纷繁复杂的情况和舆情中提取资政经验，要善于以小见大、见微知著，培养出观一叶而知秋的洞察本领，使信息工作成为领导观察事物的“千里眼”，掌握经济社会发展现状的“显示屏”，了解民心民意的直通车。

五是强在出谋划策水平。信息调研作为“智囊”，紧紧围绕着全市中心工作，对全市经济社会发展、城乡统筹、党的建设等方面的工作及领导和群众关心的热点、难点问题，进行深入的调查研究，综合各部门、相关专家及基层群众的意见和建议，为市委决策出主意、谋思路，努力使信息调研服务“参”到点子上，“谋”在关键处。

六是强在安全保密意识。把讲政治、守纪律特别是遵守保密纪律放在思想意识的首位，深入学习保密纪律的有关规定和要求，增强遵守保密纪律的思想和行动自觉，不该看的不看，不该说的不说，不该听的不听，不该传的不传，养成良好的保密行为习惯，做一名知保密、懂保密、善保密的明白人。

原中央政策研究室哲学历史研究局局长王念宁认为，市委办公室的工作，事关市委日常运转和全市发展大局，责任十分重大。泰安市委办公室构建“三位一体”值班新模式，从全局高度深刻把握新形势下面临的新机遇、新使命和新要求，充分发挥了运转枢纽、统筹协调职能的作用，切实当好了市委的“坚强前哨”和“巩固后院”，是一次有效的尝试和探索，此经验的成功，对我国各级党委、政府在今后的机制、体制改革中具有典型的启示意义。

（文/谢华平　王念宁　李　峰　马　群）

广电网的出路在哪里？

——山东广电网络有限公司平邑分公司创新发展纪实

【编者按】 山东广电网络有限公司平邑分公司直面行业激烈竞争、充分挖掘自身优势，以优质服务、优势资源赢得市场认可的案例，既盘活了市场闲置资源，又提供了优质服务，对全国广电行业开新路、谋发展有一定的启示作用，为广电行业实现社会效益、经济效益双丰收，提供了一条可借鉴、可复制的发展新路径。

广电网承担着广播电视村村通、户户响的重任，随着高科技信息技术的不断涌现并运用到大民生各个领域，广电系统倍感压力。一方面，大量资源闲置，广电网吃不饱；另一方面，联通、电信、移动三大运营商却在不断投资重复建设，在造成国家资源大量浪费的同时，市场竞争又激烈异常、硝烟滚滚。

面对激烈的市场竞争，需要把握优势、果断出手，才能抢占先机。那么，怎样发挥广电网在政治、经济、文化、宣传上及在传输技术上的优势，把闲置资源盘活呢？山东广电网络有限公司平邑分公司（简称“平邑分公司”）抓住当地政府大搞“雪亮工程”的历史机遇，充分发挥自己的资源优势，战胜强势同业竞争对手电信、联通、移动等，终于走出广电网的历史低谷。经过几年的奋斗拼搏，走出了一条盘活闲置资源，发挥自我优势，实现社会效益、经济效益双丰收的可借鉴、可复制的广电网发展新途径。

广电网面临的困境

电信网、广电网、互联网在向宽带通信网、数字电视网、下一代互联网演进过程中，通过技术改造，技术功能趋于一致，业务范围也趋于相同，网络互联互通、资源共享，能为用户提供语音、数据和广播电视等多种服务。三网融合应用广泛，遍及智能交通、环境保护、政府工作、公共安全、平安家居等多个领域。当前，广电网面临着三大任务：网改（双向）、整合、上新业务。这三项是决定广电网命运的关键，尤其是上新业务方面，这是最为关键的因素。

三网融合打破了此前广电在内容输送、电信在宽带运营领域各自的垄断，明确了互相进入的准则——在符合条件的情况下，广电企业可经营增值电信业务、比照增值电信业务管理的基础电信业务、基于有线电网络提供的互联网接入业务等；而国有电信企业则在相关部门的监管下，可从事除时政类节目之外的广播电视节目生产制作、互联网视听节目信号传输、时政类新闻视听节目转播服务，IPTV 传输服务、手机电视分发服务等。

三网业务的互鉴互融，就是说以后手机可以看电视、上网，电视可以打电话、上网，电脑也可以打电话、看电视等。2017年，平邑分公司全年共计安装有线电视用户6974户，安装宽带3263户，现金收入1520万元。但受三大运营商及地面数字电视的冲击，目前广电基础业务用户流失严重。

面对这样的新情况和竞争压力，平邑分公司转变思维方式，找准自己的竞争优势，创新发展模式，变压力为动力，一步一个脚印，走出三网融合后的困境，使新业务开展得有声有色。

广电网发展的优势

广电网和电信网、互联网比较，最大的优势是政治上的优势。作为党和政府宣传的喉舌，广电网负责把党和政府的声音传达至千家万户，这是较之其他运营商最大的亮点。山东省平邑县政法系统成功实施的“雪亮工程”，充分证明广电网的传输没有任何问题。

从平邑分公司创新发展路径可见广电网的设施优势。平邑分公司在原有千兆网络传输的基础上，扩容至万兆网络传输，并完善公共安全视频监控虚拟专用网，任何其他网络监控接入必须经过公共安全视频图像共享平台设置的网闸（映射），确保网络安全。

广电网的资源优势。第一，广电网内容资源优势。几十年来，各级广电媒体积累的媒体资源是巨大的。第二，频谱资源优势。开路电视发射的频谱资源、微波、卫星传输的频谱资源，有线电视网络的频谱资源等，这是广电网具有核心竞争力的资源。第三，网络基础设施优势。广电网是由无线、有线、卫星等多种技术手段组成的，随着网络数字化的推进，广电网技术的优势更加强大。第四，网络覆盖广面的优势，广电网覆盖面和覆盖率都处于各种传媒之首。

广电网虽然存在以上优势，但是并没有得到充分利用。特别是在资源优势上，由于面对三网融合改革，再加上当时管理不善，资源浪费严重。平邑分公司算了一笔账，2014 年，广电网的冗余（闲置）网络资源闲置率为 60% 左右，他们在对政府的报告中说：平邑分公司承接政法系统“雪亮工程”，能为县政府财政节省大量资金费用。当年委县政府确定建设“雪亮工程”时，投资预算为 1 个亿，最终仅投资 3000 余万元就完成了建设任务，而且每年仅信号传输费用就可节约 3000 余万元。另外，利用平邑分公司网上视频监控影像资料在全县各派出所二级平台统一存储，也大大降低了“雪亮工程”的存储费用。

在联网融合方面，平邑分公司进一步开发相关软件，将全县视频监控系统、网格化管理系统、视频会议系统、联网报警系统全部整合到县综治信息平台。创新业务应用范围越来越广，为开展全县新时代广电网新业务打开了强劲的通道。

强劲的新业务扩展能力

2013 年 7 月，平邑分公司开始接手“雪亮工程”。经过一年多的紧张施工，共计安装摄像头 4257 个，布防光缆近 2000 千米，实现了“村庄社区一个不少，重点部位一个不漏”的建设目标，提前两年在全市率先实现了县镇村三级联网。

2015 年，平邑分公司从讲政治、讲大局的高度出发，又对该平台进行智能化改造提升，搭建起了全县社会治安综合调度中心并完成了全县 515 个行政村的视频监控智能化提升改造。同年 9 月，在辽宁大连召开的全国社会治安防控体系建设工作会议上，沂蒙小山村通过广电网成功和大会现场视频连线，中央政法委将平邑县建设智能视频监控系统的经验做法向全国进行推广。

2016年，平邑分公司依托“雪亮工程”平台，向产业链的深度和广度延伸发展，先后完成了集团专网业务、智慧城市、智慧党建等一系列增值业务的发展。截至目前，平邑分公司已开发出平邑浚东社区、温水宋河社区、大南泉社区等多个智慧社区，同时还签订了蒙山旅游区视频监控全覆盖工程、全县视频监控探头再密布工程、自来水公司、水利局、安监局、民政局、林业局、食药局联网、电力集抄等专网业务，并搭建完成了平邑县、镇、村三级联动电子政务平台、全县党员电教电视信息平台，依托广电网密度大、入户高的优势，切实为公共服务建设做出贡献。

2017年年初，平邑分公司延伸探索功能，依托广电网开发了智慧党建项目，在全县范围内实现了党员电教可视化，充分借助广电高清双向网、高清互动机顶盒、视频会议终端的互联互通科学实用，构建起“县、镇、村、党员群众四级联动”的智慧党建工作体系，创新党建工作实现方式，提升基层服务型党组织工作效能，促进基层党建科学化水平提升，为构建城乡一体化党建新格局搭载了“信息引擎”，对助推区域经济社会发展起到很好的监管作用。

此项目基于平邑广电双向网络，共计建设完成了组织部中心1个主会场、14个乡镇街道分会场，515个村级基层分会场，共530个会场远程视频会议系统，系统并发能力不少于32路高清，用于日常会议与培训、工作协同、思想汇报、紧急突发事件应急处理等业务，以提高政务沟通业务效率，智慧党建在全县范围普及后将为平邑分公司带来1万余户党员的双向及宽带安装任务。平邑广电分公司真正起到了全县一张网，一网管大局的作用。其进一步推动了广电基础业务的发展，同时也为平邑分公司带来了巨大的经济效益。

2017年11月，山东广电网平邑分公司积极开拓广电网业务服务范围，以优质网络资源和最低服务报价中标平邑县委组织部开展的“平邑党建”可视化信息平台建设项目，在激烈的竞争中其精心策划，战胜其他对手，中标金额达到172万元。在电视业务方面，到2018年3月，全县广电网数字电视在册用户107 867户，有效运行户数48 920户；宽带在册用户16 178户，有效运行户数9894户，与2016年、2017年同比都有了较大幅度提升。

（文/谢华平　李　峰　陈绪文　鲍　辉）

课改创新：泰安实验学校首创“思维碰撞”模式

【编者按】思维碰撞课堂聚焦核心和原则性问题，发掘符合教学本质的课堂活动，强调交互反馈、质疑思辨、寻根问据，建构了具有民族特色和现代意识的本色课堂，有效突破“应试课堂”与“异化课堂”的多重桎梏，寻找到了一条回归教学本质的课堂实践路径。同时，思维碰撞课堂让孩子学会理解他人，从他人角度思考问题，关注批判性思维，可缓解孩子的“逆反”情绪，有利于他们健康成长，培养其独立人格。

近年来，围绕教育课程改革，泰安市实验学校为有效实现学校传统优势与先进教育理念有机融合，让学生更加阳光、健康、幸福地成长，积极探索、大胆创新，以优化教学设计带动学生深度学习为抓手，以思维差异为依据，以多维对话为形式，以交互反馈为推进，以培养学生独立思考和批判反思能力为目标，逐步构建了独具特色的“思维碰撞”教学新模式，进而出色发挥了实验学校勇于实验创新的课改“领头羊”作用。

方法既实又简

说方法既简又新，是指泰安实验学校在创建独特的“思维碰撞”教学新模式中，既有实在的前提性条件，也有针对实际的有效措施。综览其做法，主要有6点：一是领导高度重视。领导重视是各项工作得以顺利开展并取得成功的重要前提，学校成立由校长任组长、教务处成员及教研组长为成员的改革领导小组。领导挂帅，为深入推进课改工作提供了组织保障。二是统一培训引领。围绕课改需要的理论储备、思维课堂要素、学业纸设计、小组合作、学习常规等关键点对教师和学生进行培训，用培训规范改革行为。三是突出研究改进。围绕课堂改革，组织专题教研、课例研讨、集体备课等系列教研活动，破解课改难题，以集体智慧促课堂优化。四是重视规范管理。围绕“思维碰撞”课堂改革，修订常规制度，建立教务处和年级双线监控机制，日查周结月通报，用精细化管理保障课改工作有序开展。五是积聚资源优势。围绕学业纸设计、微课程、课堂实录等，选取优秀作品建立学科资源库，为教学工作提供参考。六是严格考核评价。制定课改专项评价办法，定期对课改情况进行评价，进一步激发师生课改积极性。

成效既实又新

泰安实验学校创建的“思维碰撞”教学新模式，既取得了符合教改实际的显著成效，也赢得了基础教育的突出成果。一方面，“思维碰撞”教学新模式提升了学生的综合素养，带来了课堂体系的变革。学生是学习的主动构建者，在其主动搜集、探究、展示、反馈的过程中，学习方法不断改进，自学、表达、归纳、推理等能力不断增强。同时，通过鼓励学生合作学习、平等对话、遵守规则、承担责任，促使学生学会合作、学会尊重，责任意识、规则意识、交际能力不断增强。跟踪调研2015级初中学生发现，优秀生的比例逐年稳步提升。另一方面，促进了教师专业化成长。“思维碰撞”课堂带来了备课体系和评价体系的变革。教师备课由“常规剧本”变为以学生为中心的“个性设计”，创设了包含成果指标设计与运用等在内的8个维度的观课量表，引导教师对课堂进行观察，实现了教学价值、教学关系、教学设计、教学策略、教学评价等方面的超越，教师专业素养不断提升。近年来，先后有2名教师获评正高级职称，4名教师被评为山东省特级教师，200多人次外出授课交流，多名教师获国家级、省级荣誉，60余篇论文在国家级、省级刊物上发表。此外，还扩大了学校影响力。目前，“思维碰撞”已成为课堂教育、教学研究、学生活动、日常管理等自觉遵循的守则，促进了各项工作的整体推进，形成了完整的课改体系。该项成果先后被评为国家基础教育成果二等奖、山东省基础教育成果一等奖，得到了教育界及叶澜、顾泠沅等专家学者的关注，并在全国28个省（自治区、直辖市）的67所学校中推广实践，为其他学校深度实施教改工作提供了有益的借鉴。

启示既实又清

泰安实验学校创建的“思维碰撞”教学新模式，留给人们的启示也是实实在在且清清楚楚的。首先，这个新模式告诉我们要勇于改革创新。做好新时期教育工作应勇于探索，改革创新，要在努力学习研究国内外先进理论和经验的基础上，立足实际、聚焦问题，围绕操作技术的改进和教学理论的提炼，全面改革、大胆实践，走出一条科学有效、适合学校高质量发展的转型之路。其次，这个新模式昭示着我们要善于激发教师活力。教师是课堂教学的设计者和实施者，要改革课堂，就要先改变教师。“思维碰撞”课堂细化了教学策略、教学设计、教学评价等各项指标，旨在让一线教师“能做、会做、做好”。加强教师培训，更新教师理念，提升教师教学水平，是课改成功的关键。最后，这个新模式还清楚地要求我们必须为学生的全面发展服务。学生是学习的主体，课堂改革要有效，就要立足培养拥有自主创新意识、德智体美劳全面发展的学生。“思维碰撞”课堂强化了学生的主动参与感，强化了学生参与的广度和深度，强化了学生的思维能力和素质提升，让学生在质疑思辨、平等对话中得到全面发展。

（文/李　峰　左传文）

泰安创新“牛奶价格指数保险”实现多方共赢

【编者按】“牛奶价格指数保险”的做法，将奶产品生产的市场风险纳入保险保障范畴，拓宽了保险服务领域，促进了奶业生产行业和奶产品市场价格的基本稳定，保障了奶农利益，是对当前奶业生产行业自然风险保障的有益补充。与以承保自然风险为主的传统农业保险相比，价格指数保险更关注农产品因市场价格变动而带来的风险。在新时代新型农业经营主体越来越多的背景下，这种形式的保险显然更符合现代农业产业结构和经营者的需要，可以为农业现代化提供强大助力。

泰安是山东牛奶产量大市，年产奶量居全省第一。随着近年来生鲜牛奶价格持续处于低价徘徊状态，个别地方甚至出现“倒奶杀牛”的现象。面对市场价格的不确定性，导致了奶农收益不稳定，利益难以保障，降低了奶农养牛的积极性，奶业生产行业整体面临危机。泰安市畜牧、保险、财政、物价等相关单位立足当地实际，深入基层调查，研究开发出了牛奶价格指数保险。即所有可控养殖户加入风险保险，不管市场如何变化，养殖户基本收益不变，市场价格不管多高，养殖户价格必须在调控范围内。通过近 5 年的实施，该政策取得了显著的社会效应和经济效应，真正使“牛奶价格指数保险”成为一项农民得实惠、政府得民心、企业得发展的好政策。国家、省多次对泰安市开展的“牛奶价格指数保险”模式进行调研并肯定，总结中也提到了农业农村部 2019 年畜牧兽医工作要点和 2019 年山东省加快推进奶业振兴实施方案。

（一）聚焦难点，为奶农保“价”护“行”，创新推行价格保险

按照“政府主导、市场运作、自主自愿、协调推进”的原则，2015 年 5 月，在全面统筹前 3 年奶牛养殖成本及奶价波动

情况的基础上，泰安市探索建立“保两头、放中间”的农产品价格形成机制，在市场价格低于目标价格时按差价补贴生产者，有效抵御市场价格风险，保障奶农基本生产能力，促进牛奶产业健康发展，保障农民利益和市场价格基本稳定。经多方调研论证、综合考量，由保监会核准后，泰安市制定了《泰山区牛奶价格保险工作实施方案》，在全国率先试点牛奶价格指数保险。试点由市政府统筹协调，畜牧局宣传发动，财政局负责保费补贴，物价局负责奶价统计发布，保险公司负责承保和理赔。实施方案要求参保户需具备“一满四有”：建场满一年以上、有标准化奶厅、有动物防疫合格证、有乳企收购合同、有政策性奶牛保险。

（二）突出重点，精准计算“价格”，科学实施赔付标准

一头奶牛从出生到育成产奶，周期为一年半，一旦宰了牛，要恢复过来需要很长时间，而作为泰山农业一大支柱的奶业生产行业，如果出现杀牛倒奶的情况，整个产业就垮了。泰安市用保险托住奶农，制定赔付关键参照点，托住整个产业，进而建立起一个成熟的、健康的奶牛养殖业。牛奶价格指数保险关键参照点是投保前的“目标价格”和事故后的“年度价格”。物价局在泰安市 2 家乳企各设 1 个监测点，每月通报一次牛奶收购价格；投保月，参照物价局通报的前 36 个月的收购价，保险公司、物价局和保户三方协定当年的目标价格。保险期满，根据物价局通报的年度内 12 个月的收购价确定年度价格。当牛奶年度价格低于目标价格时，视为保险事故发生，保险公司按差价赔偿。每个保险周期为 12 个月，每一年度重新测算一次目标价格和年度价格。总体来说，就是“目标价格均三年，年度

价格平均算，保险赔付差价款”。

（三）围绕节点，“即使亏了也一样开心”，严格履约保障奶农利益

为保障奶农利益，要让奶农有“即使亏了也一样开心”的心情，用保险作保障，化解市场价格波动风险让奶农放心。泰山区财政对保险试点参保户保费补贴 80% 。全市按照每千克牛奶 0.1 元缴纳保费，其中财政补贴 0.08 元、保户缴纳 0.02 元。2016 年 6 月确定的年度价格是 3.91 元，低于 2015 年 6 月确定的 4.11 元的目标价格，中国人民财产保险泰安分公司按 0.2 元的差价对全区承保的 1180 万千克牛奶进行赔付，共赔付 236 万元。泰山区试点后，岱岳区紧随其后开展试点。2015—2019 年共承保牛奶 15.19 万吨，收取保费 1062.37 万元（其中奶农实际支付 638.72 万元），获得理赔 1462.38 万元，保额达到 5.78 亿元。

（四）借助利点，政府用好“看得见的手”合理调控，实现多方共赢

2015—2017 年在对牛奶价格指数保险进行试点期间，泰安市政府通过市场化运作，使财政资金效应放大 11.5 倍，实现了多方共赢，社会效能凸显。一是增强奶户抵抗市场风险能力。经过 4 年多试点，参保奶户抵抗市场风险能力大大增强，自愿投保和扩大生产的积极性明显提升。2015 年泰安市承保牛奶 1852 万千克，2020 年达到 4550 万千克。二是稳定奶企奶源。通过保险带动，亚奥特、蒙牛等乳企获得了稳定优质奶源，经营不断扩大，跻身成为泰安市百强纳税企业。三是搞活金融服

务。通过试点带动，金融服务意识明显提升。现在生产、流通等环节都有牛奶价格指数保险来保障，消除了银行的贷款顾虑，推动了奶业发展的良性循环。

经多年实践证明，牛奶价格指数保险消除了奶农养殖奶牛的后顾之忧，保障了奶农利益，稳定了牛奶市场价格，提高了牛奶产业化、规模化和标准化程度，增强了牛奶产业的市场竞争优势。

牛奶价格指数保险有着鲜明的政策属性，但在运作过程中也存在价格发布机制不完善、财政补贴标准不一致和支持力度有限等问题，这些都需要政府在其中发挥积极作用。2020 年，根据《山东省人民政府办公厅关于印发山东省加快推进奶业振兴实施方案的通知》（鲁政办发〔2019〕20 号），在泰安市推广奶业价格指数保险，目前山东省畜牧兽医局、省人保公司已经同意给予政策扶持和业务指导，加快推进泰安的奶业振兴。

与以承保自然灾害风险为主的传统农业保险相比，价格指数保险更关注农产品因市场价格变动而带来的风险，是农业保险体系从自然风险保障向市场风险保障的创新性拓展，是行业通过保险这一手段管理市场风险的积极探索和全新尝试。泰安市率先推出的牛奶价格指数保险，将农业保险的承保范围从生产风险扩展到市场风险，受到了奶农经营主体的广泛关注和好评。此农业保险体系应用到农业其他领域，同样有助于促进农业生产、稳定农产品市场价格、保障农民和市民利益、满足新型农业经营主体需要，惠及各方。

（文/谢华平　李　峰　马　群）

营口有礼：彰显新时代文明实践中心四大功能

【编者按】新时代文明实践中心是思想政治教育公共空间的一种创新形式，其本质属性是政治性、教育性、公众性。本质属性决定了不断提升全民素质，不断提升社会文明素养水平是其目的。建设新时代文明实践中心，是党中央对宣传思想文化和精神文明建设工作做出的一次重要部署，关系推动习近平新时代中国特色社会主义思想往深里走、往心里走、往实里走的大局，关系乡村全面振兴和培养时代新人的重任，关系彻底打通群众工作“最后一公里”目标的实现。

近年来，辽宁省营口市以新时代文明实践中心为平台，持续开展“营口有礼　从我做起”系列活动，不断提升群众思想觉悟、道德水准、文明素养，让全市社会文明水平有了质的提高。同时，“营口有礼”之于当地经济社会发展“放大器”“净化器”“稳压器”“助推器”的功能得以凸显，为新时代文明实践中心建设运营打造了一个有益范本。

作为远近闻名的“雷锋城”——1960 年 1 月，雷锋同志在营口走进军营，实现了由一名优秀工人到伟大战士的角色转变。因此，营口又被誉为雷锋的第二故乡和雷锋精神的发源地。这里，雷锋文化盛行、民风淳朴善良，是名副其实的“雷锋城”。

2018 年以来，该市以新时代文明实践中心建设为契机，在全市范围内开展了声势浩大的“营口有礼　从我做起”主题实践活动，让“礼德榜样”“雷锋娃娃”成为新时代践行文明的榜样模范。经过两年多的探索实践，取得了良好的效果。

强调规训功能　打造主流意识形态的“放大器”

新时代文明实践中心是一种具有公民思想政治教育功能和属性的公共空间，是思想政治教育公共空间的一种创新形式，应首先发挥其在主流意识形态中的规训功能。

在新时代文明实践中，营口坚持“边建设、边总结、边实践、边提升”的思路，切实把文化自信融入意识形态和思想政治工作中去。目前，全市已建成新时代文明实践中心（所、站点）293 个，成为宣传习近平新时代中国特色社会主义思想及党的政策方针和创新理论的重要平台。

从教育内容来看，营口市从新时代新思想、党的大政方针和创新理论、社会主义核心价值观、法治观念等入手，依托文明实践中心，以喜闻乐见的方式进行文明礼德教育，弘扬雷锋文化，践行“营口有礼”，让 200 多万营口市民感受新时代雨露阳光，接受新思想精神洗礼。

2018 年以来，营口新闻传媒中心成立“营口有礼”工作室，突出重大主题宣传，并组织全市各类媒体开设“营口有礼”专题专栏。截至目前，“营口有礼”专题专栏累计刊播各类稿件（节目）9000 余篇、公益广告 6 万余条次。

在当地，全市 21 万中小学生几乎人人都会哼唱《营口有礼》主题歌，在全社会唱出了“雷锋城”的精气神。

两年来，“营口有礼”主题活动领导小组办公室切实发挥牵头抓总作用，将“营口有礼”纳入各级巡察和实绩考核内容，组织开展文明礼仪进机关、进学校、进家庭、进窗口、进公共场所、进企业、进乡村社区、进旅游、进交通、进网络“十进”行动，推动主题活动规范化、常态化。全市各级各部门积极推进文明礼德“十进”行动，累计开展各类专题活动600余场，现已成为营口最接地气、最受欢迎、市民参与度最高的一项活动之一。

营口打造“有礼城市”有两个显著特点：一是党政机关带头、企事业单位带头、公职人员带头，形成声势且带动市民参与并融入日常工作，逐步向服务业、学校和家庭推进，带动全体社会成员自觉融入。二是保障有力。出台《营口市直机关工作人员行为规范》，把每年的9月1日定为“营口有礼日”，还设立“营口有礼”专项基金，现已突破4500万元，用于表彰文明礼德典型，弘扬时代文明新风。在营口新时代文明实践中，体制的特点和制度的优势发挥得淋漓尽致，使疫情考验为“显示器”和“加速器”，城市治理体系补全完善、社会治理能力大幅提升，“凝心聚力”和“流程再造”劲推多个领域改革取得可喜突破。

营口市原市委书记赵长富认为，一个有“礼”的城市，才是一个有爆发潜力的城市、一个有希望和前途的城市。新时代文明实践中心作为主流意识形态的教育主体、传播平台、规训场域，要把引导群众深刻认识党的领导是中国特色社会主义最本质特征和最大制度优势作为根本政治任务，致力将新时代文明实践中心打造成为主流意识形态的“放大器”。

发挥教化功能　打造良好生活风尚的“净化器”

新时代文明实践中心最重要的价值在于“凝聚群众、引导群众、以文化人、成风化俗”，因此教育教化也是其最重要的价值属性之一。近年来，营口市从空间形态、乡规民约、为民服务等细节上着眼，从空间价值利用、情境创设、氛围营造等途径实现教化目标，增强群众自我教育意识，不断提升社会文明素养水平、培养高尚情操、形成良好风尚。

文明实践中心阵地建好了，具体工作如何开展，才能让群众有实实在在的获得感？营口的答案是——以人民为中心、贴近群众需求、聚焦实效。亮点是净化社会风气，切实解决文明生活的痛点、堵点，实现全民素质快速有效提升。

在盖州市双台镇松树沟村，踏着石板路，穿过田野阡陌就是一排古色古香的小屋，这是村里的新时代文明实践点——花溪手工学院。一大早，松树沟村及周边村屯 30 多名农村绣娘赶到这里，学习针法课程。村民吕晓盼家里开超市，家里过去一度成了聚集姐妹打麻将的场所。如今，她放下麻将，拿起绣针，和姐妹们做起了绣娘。“你看这个老虎、荷包，4 个一套，我干了十多天能挣两千多元。”吕晓盼说，现在觉得生活特别有意义、有价值，也有了奔头。

“百年港城”营口是一座开放城市，经济活跃度相对较高，文明和思考道德建设积极且成效显著。2018 年 9 月以来，营口市深刻领会习近平总书记“推进新时代文明实践中心建设”重要指示精神，并不断创新文明实践的形式和方法，在全市范围内持续营造遵德守礼、见贤思齐、礼行天下的良好道德生态。出台了《机关干部违背礼德行为处理规定》，凡是礼德方面存在问题的营口干部，一律不提拔使用。

文明与否，数据最具说服力——2018 年以前，营口市每月处理交通违规事件 3000 余起，到目前下降到每月 40～50 起。

2019 年 6 月 6 日，营口市颁布《营口市文明行为促进条例》。这是营口市人大常委会获得地方立法权以来，自主起草的第一部实体性法规。营口市第一次以立法的形式为树立良好的社会民风点亮灯塔。

群众在哪里，文明实践就延伸到哪里。“营口有礼，从我做起”的手机彩铃、出租车的显示屏、公交车的语音报站，一年中的几千篇（期）新闻稿和节目、数万条次公益广告、4000 多块宣传展板、35 万多条网络推送，将人们浸润在温情有爱的文明之城。行走在营口的大街小巷，道德模范、社会主义核心价值观、“营口有礼”等公益广告随处可见，不管是理想信念、价值观、青少年“三观”的内容，还是公民道德、文明素养、乡村“三风”的宣传，都在润物无声中使群众受到教育洗礼。

营口市委宣传部常务副部长薛静认为，“新时代文明实践工作要做实、做细、做好，增强群众在思想、情感、生产、生活等方面的获得感和认同感，才能具有吸引力、凝聚力”。

激活治理功能　打造社会安定和谐的“稳压器”

新冠肺炎疫情防控初期，“战疫”集结哨一吹响，在短短的两个小时内，营口快速集结了 500 人的疫情防控战骨干志愿者微信群，并迅速组建 6 个县区的志愿者分群。自 2020 年 2 月 5 日起，26 支志愿服务团队，5000 多人下沉到社区、镇村全力战疫。这不仅是对“营口有礼”系列活动的一个生动“注解”，更是营口市以新时代文明实践中心建设引领社会治理的一个典型例证。

近年来，营口市将志愿服务作为重要的载体和社会动员方式，在市级层面建成了志愿服务指挥调度中心、新时代文明实践志愿服务信息平台，开通全市志愿服务热线电话，创造性地成立隶属市委宣传部党总支的志愿服务非公党组织，形成 293 个新时代文明实践中心（所、站点）与近千支志愿服务组织融合互动、全面释能的平台体系。

这一平台体系，由外向内是践行“网上群众路线”的百姓“求助中心”，新时代文明实践中心（所、站点）和基层干部搜集需求信息，对平台“派单”。由内向外，市级志愿服务联合会对志愿者和团队进行特长调研、专业分类、定向培训、嘉许奖励，与“接单”精准对接，更储备起丰厚扎实的志愿服务力量，培育一系列制度化、常态化、长效化的志愿服务项目。

依托遍布全市的新时代文明实践中心（所、站点），营口市目前已注册志愿服务队伍 983 支，志愿者注册人数达 33.2 万，累计实施志愿服务项目 2988 个，实现了文明实践、志愿服务信息化，精准对接群众需求，提供有针对性的志愿服务。

为全面构建基层治理新格局，营口市坚持问题导向和精准施治，把解决问题作为践行文明的重要抓手。根据全市 11 个领域的实际情况，采取了更加有针对性的举措。例如，要求党政机关要重点解决“上热中温下冷、先热后冷、忽热忽冷”的问题，在为企业、群众的服务中践行有礼行为，特别是领导干部要养成良好的礼德习惯，为全市做好表率。全市家庭要重点解决家庭、家教、家风问题，倡导孝老爱亲，突出以小带大，辐射带动全市家庭礼德建设。学校领域要重点解决教师师德师风和学生礼德教育问题，加强经常性教育，加大监督监管力度，将礼德观念根植于教师、学生和家长内心深处。企业要重点解决社会责任意识不强、诚信缺失等问题。窗口服务领域要重点解决服务规范性不强、服务形式单一、服务水平不高等问题，进一步优化全市的营商环境……通过一系列扎实过硬的举措，真正让百姓满意，让社会更加安定和谐。

有关专家表示，“新时代文明实践”要求把服务中心、慈善中心、信仰中心建在百姓家门口，因此营口要巩固和不断扩大既有优势，努力将“一座文明有礼的城市”建设成“没有围墙的新时代文明实践中心”，让全民素质实现有效提升，这样就打通了最后一公里，达到了新时代文明实践的目的。

突出促进功能　打造经济民生进步的“助推器”

如今的营口，雷锋小学、雷锋小区、雷锋车队、雷锋柜台、雷锋爱心基金、雷锋高铁服务站……时时处处彰显出“雷锋城”的气度。“高铁东站的‘大背哥’身体健硕，每天服务在行动不便的乘客之间；高考期间，雷锋车队免费送考学生；还有雷锋小区，那里的好人好事更是多得说不完。”营口礼德榜样最佳宣讲员获得者泓颖说，“雷锋精神就是从我做起，如今营口的老百姓都在自觉自愿地传承这种精神。”

曾经，也有人质疑“营口有礼”是不是很“虚”？而在疫情时期，这种“礼”的情怀体现出了实实在在的力量——在抗疫中，营口通过各项政策快速复工复产，“硬核”政府务实高效、侠义企业担当大爱，使人们逐渐从战疫之难中感受到文明带给城市的活力、魅力。

新时代文明实践“营口有礼”主题活动开展以来，牢牢坚持把握 4 个原则。

一是坚持时代性。以习近平新时代中国特色社会主义思想为引领，深刻领会新形势下礼德建设的新内涵、新内容，弘扬中国特色和民族特色的礼德观。

二是坚持群众性。践行以人民为中心的发展思想，充分调动群众的积极性、主动性，广泛开展群众性精神文明创建，不断从群众实践中汲取智慧和力量，弘扬群众所愿的社会文明礼德之风。

三是坚持自信性。强化文化自信，深入挖掘营口优秀文化，弘扬文明健康的传统文化，推动营口文化走出去，提升营口文化影响力。

四是坚持导向性。把能否切实解决文明礼德方面实际问题、群众是否满意作为重要的衡量标准，从社会最关心的问题抓起，从群众最不满意的陋习改起，弘扬求真务实的工作作风。

以文明建设促高质量发展，营口市突出“雷锋城”特色，深入挖掘提炼雷锋文化、诚信文化和母爱文化，整合开发利用辽河老街、网红小镇、乐器、鸟浪等资源要素，不断做深“文化+文明”“产业+事业”文章，努力叫响“营口有礼”品牌。以旅游业为例，营口市充分整合四季旅游资源优势，推出了各具特色的四季旅游产品，并与红十字大爱文化、爱国红色文化、敬母慈孝文化等地方文化资源相结合，连续举办了25届中国（营口）望儿山母亲节、13届辽宁（营口）冰雪温泉旅游节、9届中国（营口）国际海滨温泉旅游节、2届“鸟飞湿地　花开营口”春季旅游启动仪式等文化旅游节庆活动，让文化与旅游、诗和远方充分碰撞，进一步强化营口市文化旅游品牌，助推当地经济高质量发展。其中，营口的旅游区域主要在鲅鱼圈区，其近几年来每年接纳外来旅游人口都在800万人次以上。

从“快发展”到“养气度”，近年来，营口这座有礼的城市正在慢慢崛起，而涵养气度、内生动力更会促进营口的“快发展”。疫情期间，总投资113.2亿元的36个招商引资项目，通过“不见面”云签约落地，为营口的经济和民生事业发展助力，见证了“礼”与“信”聚合的强大力量。

（文/李　峰　马　群　刘梦菲　张红艳）

乡村人才孵育重大突破：学院建乡野、课堂设田间

——山东宁阳首创培养乡村振兴基层干部新模式

【编者按】 山东省泰安市宁阳县整合社会资源，把学院建在乡野，将课堂设在基地田间。这种乡村振兴基层干部培养模式理念新颖、教学与实践相结合，形势灵活，参与感强，培训实效性强。“宁阳模式”是乡村振兴人才培养的有益尝试，给破解改革开放后现代农村出现的新问题、新矛盾，特别是农村人才短缺问题找到了一条新路径，从实践上有效推动了实施乡村振兴战略中的干部队伍建设。

实施乡村振兴战略，是党的十九大做出的重大决策部署，是决胜全面建成小康社会、全面建设社会主义现代化强国的重大历史任务。乡村振兴关键靠人才振兴。围绕这个突破点，2018 年 3 月，泰安市宁阳县将乡村振兴学院建在乡野、课堂设在基地田间，开辟各种特色教学，首创新时代乡村振兴育才新模式。其做法不仅被《人民日报》《新华社·高管信息》《大众日报》等重要媒体相继报道，也受到专家的高度赞誉。

海南省农民科技教育培训中心主任刘云认为，宁阳县乡村振兴学院，立足本地实际，活用共享思维，融合现有资源，创

建了“高校研究成果＋一线生动实践”的新颖培训模式，基地体系完备，讲解深度实用，学员领悟透彻。这种“融入全国、连通周边，以开放视野、建开放基地、办开放教育”的运行模式当是新时代乡村人才有效培养的宝贵经验。

（一）把脉乡村人才需求，以全新视角颠覆传统办学模式

相对于传统的固定办学，宁阳县创办乡村振兴学院是有效培养造就乡村人才的一个全新尝试。该县结合乡村振兴人才的普遍需求，打破传统的城市建校及课堂授课模式，打造面向前沿、视野全新、注重实践、灵活机动的“新型学院”，进而节省了过去高校课堂系统理论培养、出校园后还需一定实践锻炼的时间，开创了理论与实践直接结合并以实践为检验的人才培育模式。其做法如下。

一是做好统筹谋划。以县委为指挥中心，县委组织部为前线指挥部，对乡村振兴学院的建设思路、实施步骤、具体措施等进行精细筹划、统一安排。鉴于乡村振兴学院开放式办学及以实践为主的教育模式，宁阳县工作布局做到统筹：以乡村振兴学院为牵动，不自建校区，统筹共享现有资源。即依托全省乡村振兴首批重大项目“山东友邦·彩山田园综合体”，建成田园里校区；依托复圣公园和复圣文化，建成公园里校区；依托县革命精神教育基地，建成戎园里校区；依托高层次人才双创生态产业园，打造智园里校区；依托全国苗木花卉标准化示范区、全国农业产业强镇东疏镇，打造花园里校区；依托“泰山先锋”红旗党支部吴村圣地农庄项目，打造庄园里校区。坚持学院承揽、校区承办、基地体验、一体联动、高效运作，对内开展培训，对外承接办学。在工作推进上实施统筹：统筹县直

部门、乡镇（街道）和村居力量，列出基础设施、教学内容、培训方式、人员配备、资金投入等项目清单，同时以 3 项有力措施促落实。首先是责任包保，县委组织部班子成员每人牵头负责一个基地项目，坚持现场办公，及时协调解决困难问题；其次是督导调度，一周一汇总、一月一通报，提升效能，强力推进；最后是考评验收，组建专业考评队伍，对教学现场打造、讲解稿撰写、基地教员培训、配套设施功能、教学方式效果等逐项评审，提高教研教学质量和水平。统筹谋划做到了学院建在乡野，工作布局及保障“一体联动”。

二是建设“六大基地”。乡村振兴学院统筹谋划明晰了学校的“方位”，学院的性质决定了人才培训教育的课堂就是建设“基地”。为此，宁阳县着力建设了“六大基地”。

党性教育基地。投资 3000 万元建设党章文化主题公园、党支部工作指导中心，辐射全县党性教育载体。

红色教育基地。以革命纪念陈列馆为中心，辐射革命精神教育基地、宁阳第一党支部、“攻济打援”指挥部旧址。

政德教育基地。以国家级、省级文保单位文庙、颜庙、禹王庙等文化古迹为重点打造。

家风教育基地。投资 2000 余万元，拓展复圣公园和复圣文化、周公嘉禾家文化设施，建设复圣研究院、中华家风馆、国学堂、学训区、家训区、孝训区、德训区和周公嘉禾家文化展览馆。

新时代奋斗精神教育基地。弘扬新时代泰山“挑山工”精神，改造提升堽城坝精神展馆、鲁酒文化博览馆、农民工展馆、中华蟋蟀文化主题博物馆。

实践教育基地。以省级以上典型经验、乡村振兴示范种植区、新旧动能转换创新项目等为主体，涵盖村集体经济发展等78个典型工作教学点。

这些基地建设，使乡村振兴学院形成了较为完善的教育体系。

三是实施新教育模式。乡村振兴学院意义重大、课程明确，接下来就是如何有效地进行教学培训。为此，宁阳县突出抓了3个方面。

第一方面，加强师资建设，提高教育培训质量。聚焦“高端师资”，打造沿京沪线3小时高端师资圈，牵手高校院所，聘请名家名师100多名；打造“特色师资”，聘请高端专家学者20名；培育“本土师资”，优选实践经验丰富的领导干部、村支部书记、先模人物200余名兼职教学。在培训课程上，做到“精准化”，开设十八大类134个课程，这些课程既有承接定制又可以进行“量身定制”相应培训，实现“菜单式”选课、“模块化”组课。同时充分发挥互联网“高效、互动、开放、个性化”特点，深化教学方式，每个现场教学基地设置3~5个教学点，综合运用课堂教学详解、案例研讨剖析、实践基地研修和情景模拟体验等方法，丰富田园课堂、支书访谈等形式，增设特色亮点展示、主题雕塑、多媒体等设施，提升教学效果、感染力、震撼力。

第二方面，突出“四个重点”，把握教育培训目标。

突出服务基层发展。发挥办学聚人气、建纽带的作用，将各教学点串点成线，带动全域旅游、项目合作、农产品展销，外地学员与教学基地签订合作项目11个，订购农产品200多万元。

突出红色基因传承。利用党性、红色教育基地优势，开展

“不忘初心、牢记使命”“中国梦·宁阳红”主题教育，策划“红歌嘹亮”“红色家书诵读”等系列活动，营造起一心向党、共筑中国梦的“红”动能。

突出弘扬家风文化。开发“家训文化及其当代价值”等课程，编排礼仪礼乐教学节目，从国学智慧和家风培养中汲取正能量，在全县掀起了建设家风文化、传承乡贤文化的热潮。

突出培养年轻干部。运用实践教育教学点举办青年英才训练班、青年英才任前培训班，对全县 1186 名年轻干部分批次、专业化、班级化培养锻炼。

第三方面，抓融合提升，创建教育培训品牌。

融合办学提层次。设立山东农业大学继续教育学院宁阳分院、宁阳县清华大学远程教育教学站、泰安市农村和城市社区基层干部专科学历教育集训面授点，利用高校资源优势推介开放式教育品牌。

融合职能拓市场。加大部门间合作力度，通过教育联动、旅游带动、企业促动，开展一系列研学游活动，拓宽办学培训市场。

融合文创提质效。将基地教学活动与复圣文化系列产品、地方特色文化旅游产品、土特商品开发及旅游景点打造相结合，孵化新的文化、旅游实体，助推文化旅游产业发展升级。

融合媒体强宣传。办好网站、微信公众号，持续宣传推介；扩大与各类媒体的协作，打通新闻报道“绿色快通道”；邀请名家大师，举办论坛，借智借力，提升名气。

融合亮点转化培资源。定期到基地教学点调研挖掘，总结归纳新特色、新亮点，提高讲解、教学层次，打造教学新资源。

（二）办学实践成效卓著，为乡村人才振兴打造“宁阳样板”

经过两年多的办学实践，宁阳县以“开放、融合、实践、共享”理念首创的不自建校区，师资多元化，把学院建在乡野，将课堂设在基地田间的教学模式，创造性地破解了新时代乡村人才紧缺的难题。学院积极开辟村集体经济发展、种植示范、农旅融合、电商孵化等现场特色教学，为新时代乡村振兴人才培养取得了有着示范意义的成效，提供了“宁阳样板”。

一是开辟了党员干部愿学乐学的新途径。创新实施“现场教学、互动教学、体验教学、情景教学、激情教学”，灵活运用网络共享课堂、云微课、抖音直播等方式开展培训，形成了灵活完备的教学体系。共承办县内各类培训、现场观摩、主题党日体验活动 729 批 37 100 余人次，使培训教育由以往固定的“学堂”转变到日常，从“课堂”进入大众身边。学员在基地田间现场看、融入学、亲手练、深感悟，通过教学互动，交流碰撞，大大提升党员干部学习的兴趣与效果。

二是创建了干部教育素质提升的新阵地。学院与县委党校、教学基地构建起“一体两翼、多点支撑”的教育培训新模式，重点围绕“党性教育、红色传承、修养政德、注重家风、奋斗精神、实践创业”等党员干部必备的素养，精心设计培训内容、精确选调培训对象、精细挑选培训师资，成为党员干部提质强能的新阵地。先后涌现出了许兴海、卢运忠、吴延春、王一恩等一大批优秀党支部书记，成为乡村振兴道路上的“领头雁”。同时，作为学院现身说法的“特聘教授”，这些人才多次被省委组织部和多个县市邀请授课，传经送宝。

三是打造了异地办学人才培训的新品牌。学院精准对接培训市场的乡村人才需求，科学设置课程板块，为外来培训班“量身定制”课程，切实增强了学习培训的辐射力与吸引力，省内外前来培训的人员络绎不绝。目前，已对外承办重庆市、河北省、辽宁省、海南省等省（自治区、直辖市）内外培训班91个7000多人。

四是形成了动能转换融合发展的新动力。乡村振兴学院的实践型开放式灵活教育，有效推动了“师资转智库、教案转方案、基地转典型”的重要转变，将高端师资的最新研究成果与教学成果，转化为服务科学决策、典型培树、项目培植、人才孵化，对助推新旧动能转换、乡村振兴、高质量发展起到新动力作用。宁阳县因此被批准为省级现代农业产业园创建单位，全县一些乡镇列入山东省乡村振兴“十百千”工程示范乡镇，国家级农业产业强镇示范建设项目，走出了乡村振兴“特色路”。

中国农业大学党委常委、副校长王涛大加赞赏。他说：“宁阳县创建新型乡村振兴学院、卓有成效培养农村人才的‘宁阳模式’值得肯定。以往党员干部教育培训大都以课堂灌输为主，形式僵化、内容单一，效果不明显。宁阳县乡村振兴学院创新教育形式，将理论知识与实践操作相结合，形式灵活、融入感强，使学员学习由‘被动学’转为‘主动学’，大大提升了培训的针对性和实效性。‘宁阳模式’是乡村振兴道路上一次有益的尝试，对破解改革开放后现代农村出现的新问题、新矛盾，以及实施乡村振兴战略中干部队伍的建设寻找到了一条新路径，对新时代中国特色社会主义新农村振兴发展具有启示意义。”

（文/谢华平　李　峰　马　群）

国网辽宁营口供电公司：以情化人　撑起安全防护伞

【编者按】“亲情助安”安全生产教育活动，改变了传统的安全灌输和说教，以情感为入口，激发安全生产的内驱力，实现了安全文化品牌从内部企业文化塑造到外部品牌拓展的突破，将“国网”的价值理念逐步转化为员工的情感认同和行为自觉，既建立了内部企业文化的约束力和凝聚力，又践行了新时代的可持续发展理念。

安全是第一生产力，安全是发展生命线。近年来，国网营口供电公司全面贯彻落实新发展理念和总体国家安全观，大力开展“亲情助安”等行动，将传统的安全灌输和说教具化为“家人情、工友情、家国情”等安全“润滑剂”，并最终以情感人、以情化人、以情动人，为公司高质量发展撑起安全防护伞。

家人情感化　平平安安为小家

“儿子，看到你装备得安安全全的，我就放心了。”2020 年的盛夏时节，国网营口供电公司的 50 多名“特战队员”在鲅鱼圈区为 66 千伏安变电站投运进行设备安装调试，这是全省电力系统最具影响力的多点位、多任务、多队伍的带电作业。“粉丝”通过网络现场直播收看，众多“粉丝”中有电力系统的同仁，还有现场作业人员的家属。直播刚一开始，熊岳供电分公司职工王梦雨的母亲任秀清就目不转睛地盯着手机屏幕，看到儿子穿着厚厚的绝缘服在斗臂车里有条不紊地操作，她悬着的心终于放下了。

“家是我们的心灵港湾，每一位职工的平安就是家人最大的牵挂。”国网营口供电公司领导介绍说。为了打好“亲情”这张最温馨、最贴心的安全牌，2020 年以来，公司建立了员工父母微信群，实现重大作业现场直播，让家属实时了解现场作业情况，减少不必要的担心和惦念。“每次看他爬杆，我都会忍不住给他发条微信告诉他注意安全，我知道这话他一定能往心里去。”变电运检一工区运维二班安全员梁晓的老父亲谈起在电力系统工作的儿子时难掩牵挂。让家人的叮咛成为职工牢记安全的“甜蜜素”，有了父母和家人的牵挂，员工在思想上也自加一道安全锁，主动由“要我安全”向“我要安全、我会安全、我能安全”转变。

近年来，该公司还组织开展了“亲情助安”等系列主题活动，围绕家庭亲情为主线开展的“‘安全家书’‘亲情寄语’进班组”“我要安全报母恩”等柔性温情活动，主打亲情和感恩牌，邀请职工父母、家属及子女走进企业，充分发挥孝亲、凝亲、安亲的亲情感召作用，职工“平平安安为小家”的理念已扎根于心。

工友情劝化　我要安全为集体

国网营口供电公司将安全文化与安全规章制度有机结合，有效调动工友间相互督促、劝化的功能，以实现安全思想和行动的统一，让“我要安全为集体”的观念真正的内化于心、凝成于制、外化于行。

首先，该公司加强师徒传承和父子传承教育，拟定师徒安全互信协议，树立“师徒携手传帮带　共同成长促安全”理念。师徒之间相互赠送安全带、安全马甲、安规书籍，形成“你的安全我牵挂”的安全互建氛围。师徒共同加强对“安全规程及十八项反措”等知识的学习，制订学习计划，互相监督和鼓励，严守规章制度关，形成以师带徒、相互促进的理论学习氛围。

其次，加强班组班员之间互进互促的职能，开展“我的兄弟我介绍”“我的专业我来说”“兄弟帮我纠错误”等活动，互动性更高、感染力更强，形成了“思想情绪帮理顺、作业过程帮控制、日常工作帮补台、家庭生活帮照顾”的和谐氛围，增强了集体荣誉感，凝聚了安全共识，筑牢了安全防线。同时，组建青年攻坚小组，在日常作业后，工作负责人对小组作业人员进行逐一点评，对抢修现场安全、作业危险点、施工工艺及所管辖的线路设备等薄弱环节进行全面回顾，筑牢每一名青年员工思想安全防线的同时，有效提升青年员工业务素质和专业技能水平。

最后，该公司广泛开展安全文化活动，将优秀安全管理经验、员工创造的安全成果、感召人的安全典型，进行提炼整合，制作成图册和专题片，供员工观看；公司上下按专业部门、专业岗位罗列出安全工作要求，制作成卡片，理性告诫员工严格执行各项安全规程；在专题安全活动日进行事故案例分析和员工表态发言，叮嘱员工认真学习事故案例，时刻警钟长鸣。

家国情育化　安全更是为大家

国网担着家国情，国网联通千万家。近年来，国网营口供电公司将保障国网每个“网格”的安全，作为服务地方发展、造福一方百姓的基础性工程，结合“不忘初心、牢记使命”主题教育、培育和践行社会主义核心价值观等，铸牢全体职工“安全更是为大家”的家国情、服务情。

2020 年 6 月是全国第 19 个“安全生产月”，该公司除了深入排查整治事故隐患，狠抓源头治理和风险预控，扎实开展安全生产专项整治三年行动，还建立了“理论实操 + 警示教育”培训模式。同时组织各基层单位登录国网大学“云讲堂”APP，进行在线学习和知识竞赛，进一步提高干部职工政治站位和思想认识，展示了新时代国网人的家国情怀。该公司平时还组织开展各类丰富多彩的文体活动，让既有“硬度”又有“温度”的管理手段和安全文化理念，融入进职工生活的点点滴滴。

为更好地服务用户，国网营口供电公司持续开展安全宣传“四进”活动。走进社区，为普通居民客户提供用电节电咨询；走进学校，为未来的用电客户群讲解用电常识，将安全用电、触电急救等基本知识编成“三字经”，使学生更易接受和理解；走进困难群体，为弱势群体提供预约上门服务、用电求助服务、节日帮扶服务等；走进农村，深入开展安全用电知识宣传，加强农村安全用电管理。在精细化服务的基础上，该公司还构建了由五大文化板块，15 项专项举措组成的品牌体系，实现了安全文化品牌从内部企业文化塑造到外部品牌拓展的突破，将“国网”的价值理念逐步转化为员工的情感认同和行为自觉，激发了全员的家国情怀和责任担当。

（文/李　峰　马　群　贾宝胜　李　博）

由欧玮杰犬业与湖南省公安厅共建引发的思考

【编者按】 欧玮杰犬业利用社会犬业资源为公安机关服务，有效破解了新形势下公安刑侦工作资源力量不足的困境，达到了“1+1”大于2的效果，更好地为新时期公安工作创新发展注入新动力。同时，也为民间养犬者、爱犬者提供了发挥才能的平台，营造了警民融合的社会环境，充分体现了新时代的警民融合。

欧玮杰犬业地处湖南汨罗市古培镇课功村，是一家成立于2003年、现与湖南省公安厅联手打造“湖南省公安厅警犬训练地民犬警用示范点”的专业犬业公司，其闻名业界的欧玮杰犬舍是中国德牧爱好者耳熟能详的“黄衫军团”、当今“狼王”产地。欧玮杰犬业成立以来以培育良犬著称，并在各种大赛活动和众多警务工作中频频获奖。欧玮杰犬舍也曾连续两年夺得CSV中国“狼王”产地的殊荣。在训练大比武中，欧玮杰犬舍屡屡夺冠，2016年由国产明星犬小杜克斯获得，2017年由世界巨星维拉斯获得。目前犬舍拥有2016年德国SV本部展成年公VA2维拉斯、VA9优力，2016年CSV中国总冠军小杜克斯、国内赛事10座冠军奖杯获得者欧斯卡等众多超级明星种公犬。15年来，欧玮杰犬舍共荣获165个奖杯，其中冠军奖杯53个。这些奖杯有力展示了欧玮杰犬业的卓越与辉煌。

名犬在各种大赛获奖仅是检验平时训练成果的手段与形式，出色的警事表现与作用才是其真正的目标和价值。这使我们不由想起习近平总书记在十九届中央军民融合发展委员会第一次全体会议上强调的，我们要深入贯彻党的十九大精神，增强使命感和责任感，真抓实干，紧抓快干，不断开创新时代军民融合深度发展新局面。按照习近平总书记的讲话，作为一家民营企业，欧玮杰犬业培训优良警犬的杰出成效并与湖南省公安厅共建，不失为新时代犬业跨界携手的突出范例，对维护社会安全稳定，推动军警民融合，促进国家各项事业发展有着借鉴与指导意义。

一是警民共建可以有效弥补刑侦技术短板的不足。我们知道，尽管当代科技发展日新月异，但警犬在警事工作中仍然有着不可替代的作用。当今世界，犬只之所以被广泛地应用于军、警界，是因为其具有人类和其他仪器所无法替代的独特功能。这些独特功能集中体现在犬只忠实于平时训练的听从命令及其敏锐的嗅觉度、良好的驰骋力、凶猛的扑咬力和由此派生的强大威慑力。利用良犬敏锐的嗅觉可以进行气味鉴定、追踪谍特和犯罪嫌疑人踪迹、搜索物证、爆炸物品和毒品，而利用其迅疾的驰骋力和凶猛的扑咬力可以进行巡逻、警戒、堵截和追（围）捕谍特及犯罪嫌疑人等。可见，警犬技术能有效弥补现代科技的“短板”，是现代刑侦技术的重要组成部分。欧玮杰犬业与湖南省公安厅联袂打造“警犬训练地民犬警用示范点”，显示了欧玮杰犬业有效参与警务工作并为现代刑侦技术警犬培训发挥了重要作用。

二是警民共建能有效节约国家对警犬培训的投入。正因为警犬是现代警事工作中的特殊资源，警犬技术能弥补现代科技的“短板”，是现代刑侦技术的重要组成部分，所以为了保障公安工作顺利进行，国家每年都要投入一定资金用于警犬技术的系统性培训。而对于警犬的选种与培训，公安机关都是采取基地形式进行规范化专业养训，其由占据一定面积的基地、犬舍、警犬及负责基地警犬培育与训练的管理人员等组成。其正规化养训不仅要求饲养管理人员每天打扫犬舍、喂食、带犬出舍排泄、进行各种训练，还要经常组织警犬参与重大案件的侦破工作及调用警犬参与重大安检和保卫工作等活动，工作非常辛苦。这些有序的环节和众多细致的工作，都要求有充足的经费作保障。同国家公安机关警犬培训一样，欧玮杰犬业自创办以来始终秉持先进的理念，优生优育、不断探索、认真培训，消耗大量精力，做到用心经营，科学培育，成为当代优良犬只培训成果杰出的民营犬业。省公安厅与之合作，可谓强强联手、优势互补，既拓展了警犬资源的来源，也为国家节约这方面的资金投入树立了样板，做出了贡献。

三是警民共建能挖掘民间犬业人才的优秀培训力。民间养犬多是犬只宠爱者所为，且多以养得少及自然养为常见。然而，形成规模、具有体系的繁育及养训经验，从一个民间自发的犬业养殖，到拥有专业且近百间的犬舍，培育精品种犬、出产“狼王”，再到在各种大赛中频频夺取大奖，这绝非易事。而欧玮杰犬业自成立以来只做名优犬只培训这一件事的实践表明，养犬不仅仅是做大对犬只的爱好，更要把犬业做精、做强。对犬只饲养管理必须进行深入的探索和研究，从选育、繁殖、喂养、特性、管理、训练直到成为精品，整个成长过程链条，每个生长的阶段都是一个节点，都要了解其特点与性能，做到环环相扣，否则就会影响最终的培育结果。而这一切，唯有识犬品、通犬性、爱犬业、懂养犬、擅训练的专业人才能做到。欧玮杰犬业公司的顺利发展，在于公司总裁及其一班人本身就是这方面的行家和好手。他们都打小酷爱犬只，创办欧玮杰犬业后传承其开创者欧秋宗先生的先进理念，网罗犬业人才不断探索进取，总结并建立了一套科学的为欧玮杰犬业所独有的育犬经营管理体系，进而使其培训的优秀犬只表现非凡，曾在汶川地震和很多的警务与刑事侦破工作中表现突出。欧玮杰犬业的成功，一方面代表着民营犬业的高度；另一方面揭示了民间专业人才的重要性。而警民牵手，则对挖掘民间犬业人才、充分调动民间犬业人才为国家培训优异警犬乃至军犬有着重要作用。

四是警民共建是新时代实施融合发展的形势要求。党的十九大将军民融合发展提升到一个全新高度，军民融合发展是新时代强国强军发展的重大战略，这一发展战略思想是习近平新时代中国特色社会主义思想的重要组成部分。其核心就是把军民融合发展战略与科教兴国战略、人才强国战略、创新驱动发展战略、乡村振兴战略、区域协调发展战略、可持续发展战略等一同纳入新时代国家战略体系。中央进一步规范军民融合发展的顶层设计出台，将带来国防建设和经济建设的政策“红利”，有力促进军民融合发展战略落地。同军民融合发展一样，警民融合亦是新时代发展的必然要求。当前，我国正处于由大转强的关键时期，在科技革命不断深入的今天，在国家传统安全威胁与非传统安全威胁相互交织、国内安全与国外安全面临的风险和挑战不断复杂并增大的情况下，警犬与军犬在防范危害国家行为、维护社会稳定及保障人民群众生命财产安全工作中弥补了现代科技的不足，发挥了重要作用。可见，欧玮杰犬业公司与湖南省公安厅共建是实现警民融合的有效方式，新形势下能有效补充公安刑侦工作特殊资源的不足，从而形成警民合力，共同为维护国家安全与稳定发展做出新贡献。

（文/李　峰　马　群　左传文）

直面“三个紧缺”：民办中职教育如何走出困境？

【编者按】 以山西河东旅游学校遭遇的办学困境为切入点，深入分析民办中职教育面临的具体困境，提出了职业教育做大做强的创新思路。需要对民办中职精准定位，服务地方经济社会发展，避免纯市场化，要改革现有办学体制，不断深化产教融合和校企合作，有效弥补公共财政投入的不足，减轻政府负担。推动民办职业教育的长远发展，具有一定的理论意义和学术价值。

民办教育是教育事业发展的重要增长点和促进教育改革的重要力量。发展民办教育可有效弥补公共财政投入的不足，减轻政府负担，保障职业教育的社会供给，满足广大民众多元化的职业教育需求。同时，也将促进职业教育市场良性竞争，推动公办职业教育的改革与发展。

然而，近年来，民办职业教育尤其是中等职业教育办学规模却是连年下降，吸引力缺失。为了切实了解新时代民办中等职业教育发展的这一现状，最近我们到民办山西河东旅游学校（简称“河东学校”）调研发现，中等民办义务教育在分类管理禁止办成营利性学校的大背景下，发展现状的确令人堪忧。民办中等职业教育学校如何抓住新一轮发展机遇，直面困境，在改革中迎难而上，实现创新发展，这是新形势下摆在民办中等职业教育学校面前的重大课题。

当前民办中等职业教育及学校困境的表现

调研中我们看到，面对竞争激烈的就业市场，民办中等职业教育学校办学体制机制比较滞后，河东学校的“三个紧缺”问题具有普遍性，成为制约民办中等职业教育活力发挥、影响民办中等职业教育发展的主要因素。

一是生源紧缺。运城市是山西省中职教育较为集中的地方。山西河东学校是运城市一所中等职业教育学校，该学校创建于2005年，是一所全日制民办普通中专学校，开设导游服务等9个专业，列入国家计划内招生。生源的日渐萎缩（由2009年招生460人到2018年仅招生256人）使其发展举步维艰。以运城市为例，2016年以来，参加中考的生源以每年30%的比例减少，2018年运城市参加中考的人数还没有高考人数多。河东学校在招生时就面临着成本超高，“一个学生被六家学校招生”的怪象。

当下，我国民办中职学校普遍存在办学规模较小、办学实力不足、社会认可度不高等问题。部分民办中职学校片面追求经济利益、争夺生源，造成中职教育招生秩序混乱。一些媒体也存在夸大、炒作民办学校管理纠纷的现象，直接影响到了民办中职学校的招生工作。有的地方政府教育行政部门对中职学校招生干预过度，使民办中职学校难以行使招生自主权。此外，部分县域实施的中高职衔接等政策只对公办中职学校实施，也直接影响到民办中职学校的社会吸引力。

二是经费紧缺。民办教育经费的非国家财政性特点决定了民办教育经费筹措途径的多样性。但是，由于地方政府对民办中职学校建设用地、专项资助、融资贷款等方面应该享有的优惠政策落实不到位，导致多数民办中职学校融资较为困难，办学资金主要来自学费。河东学校由于收取低学费，专项资金不到位且融资困难，几次很难给教职工发出工资，连五险一金有时也要拖延缴纳。校长几次自掏腰包，甚至从家里垫钱来补充发放工资，从没出现过一次拖欠工资的现象。在如此艰难的情况下，学校依旧出色地完成了教书育人工作。据统计，在一批招收的 32 名学生中，有 27 名来自单亲家庭，这些学生在校期间经过老师的细心呵护和教育，都已顺利毕业并走出校门。

研究显示，在调查的 38 所民办中职学校中，学费收入占学校总收入 100% 的有 14 所，占 90% 的有 9 所，占 80% 的有 8 所，占 70% 的有 4 所，占 60% 的有 1 所，占 40% 以下的有 1 所。民办中职学校财力匮乏，导致办学条件简陋，教学设备设施严重不足，甚至没有实训室或实训基地，使民办中职学校失去市场竞争的优势。现实表明，如今的民办中等职业教育学校基本都是依赖学杂费收入。

三是师资紧缺。对民办职业教育而言，一支数量充足、稳定的师资队伍非常重要。从运城市民办中等职业教育的师资数量来看，均不能满足事业发展需要。近年来，运城市民办中职学校的教师数量和机构都与全国的平均水平有一定的差距，这与民办中等职业学校教师和公办学校性质有关。公办学校教师基本是“铁饭碗”，而民办中职学校多采用市场化方式招聘教师，实行合同聘任制，教师薪金福利待遇较低，教师队伍稳定性较差，流失状况严重。

河东学校现有专任教师 38 人，本科 32 人，本科率 84%。其中，高级职称 14 人，占 37%，中级职称 19 人，占 50%，双师型教师 5 人，占 13%。同时，学校还聘任了 8 位行业专家担任兼职教师和客座教授。由于民办教师与公办教师待遇差距大，使民办学校教师不安于待在民办学校，专任教师尤其是双师型教师比例低，影响教学质量。

民办中等职业教育及学校走出困境的路径

“三个紧缺”是当今民办中等职业学校的通病，无论哪所民办中等职业学校，只要出现这“三个紧缺”，就意味着跌入低谷。因此，要积极探寻新时代民办中等职业教育及学校改革创新发展的出路。

首先，要对中等职业教育进行精准定位。中等职业学校发展到今天，应当说已经走到一个关键的岔道口。面对高等教育逐渐普及这一社会现象，中等职业教育还有无存在的意义？回答是肯定的。产业的多元化和产业链的多层次性，决定了人才需求的多元化和多层次性。因此，毕业于中等职业学校的实用技能型人才仍有广阔天地，这也为中等职业教育（包括民办）开辟了广阔前景。要办好中等职业教育，关键是要精准定位在服务本地经济社会发展上，依靠在本地的高就业率带动高招生率，从而赢得政府、企业及社会的认可，切勿好高骛远、脱离本地实际。

需要指出的是，精准定位还应依法依规办校，民办中等职业教育不可市场经济化，以经济效益为目的必定培养不出满足社会需要的应用型人才。如今，国家教育行政部门出台的重要政策下发地方之后不能认真贯彻落实的问题已经成为制约教育发展的重要瓶颈，一些地方置之不理、我行我素，一些地方执行起来大打折扣。毋庸置疑，上级教育行政部门出台政策一定是经过充分调查研究和分析论证之后的深思熟虑，各级政府与教育部门必须依法依规执行。否则大力发展教育就是一句空话，忽视职业教育最终会影响当地发展。

其次，要提升师资水平优化办学质量。职业院校教师的质量，关系到中等职业教育人才的培养质量。在无论公办和民办职业学校教师普遍学历高、能力强的今天，山西河东学校的专有师资明显滞后于形势要求。为此，民办中等职业学校要强化师资力量，尤其应在建设高素质双师型教师队伍上下功夫，让教师上得了课堂，下得了车间，讲得了理论，做得了产品。一方面，入口上建立双师型教师标准，设立中等职业学校教师入职门槛，制定完善学校教师入职资格标准，从源头上把好关；另一方面，培训上要努力提高双师型教师质量。中等职业院校要建设双师型教师队伍，离不开入职之后的经常培训。学校通过组织专业课教师，有计划、有步骤地开展校级、市县级、省级乃至国家级培训，全面提高专业课教师的素质。此外，评价体系要抓实，促进双师型教师评价水准提升。要完善中等职业院校教师考核评价制度，双师型教师考核评价要充分体现技能水平和专业教学能力。在就业学历门槛高的今天，民办中等职业教育只有师资实力强，才能培育出社会认可、企业需要的高质量学生，这是确保能吸引生源与学生充分就业的关键。

再次，要创新办学模式，突出优势特色。这里包含两个方面：一是办学模式。山西河东学校的经费紧缺，主要靠收学杂费一项来源过日子，这要求必须改革创新办学模式。新形势下学校要实施开放办学，民办职业中等教育尤其要开展校企等合作办学。校企合作是中等职业学校以市场和社会需求为导向，学校与企业共同参与的一种人才培养模式。学校既可以为企业定向培养职业人才，也可以针对社会需求培养专业人才，体现职业教育“以服务为宗旨、以就业为导向”的根本宗旨。校企合作过程中，学校可教给学生以系统的职业理论知识，企业则可予以资助并提供实践平台，进而实现双方的优势互补。其他如校与校、校和社区合作等都是如此，既搞活了办学方式，又破解了经费不足的困难。二是办学特色。在实施学校与企业、社区等多方联合办学的基础上，政府有关部门应加强宏观调控与指导。通过实地调研，有效规划好本地的民办中等职业学校布局，确定民办中职学校专业设置、课程设置、课程标准、教学标准、教学管理等。对办学条件差、办学规模小、软硬件条件薄弱、办学达不到要求的中职学校进行撤并分流，整合教育资源，打造优势强项学校。在专业设置方面要加强宏观管理，重视切合当地实际的布局调整和特色培育。唯有活化模式，打造特色，才能使民办中等教育真正办活，进而大幅提升就业率，满足发展需要。

最后，要政府支持吸引资本投资教育。民办中等职业教育需要政府的全方位支持，如统一招生工作、落实各种扶持政策、破解中职学校招生困难和招生乱象的问题；实现实训基地共享，能破解中等职业学校毕业生就业能力不强、实际操作能力不高的问题；集中精力和财力进行项目建设和资金投入，能破解争取项目实力不强、规模不大和分散投资效果不明显的问题等。当前民办中等职业教育过多地依赖学杂费投入，办学者和社会投入均不足，成为制约我国民办职业教育规模扩大的重要因素。

要改善这种状况，政府应大力支持民办中等职业教育，合理引导民间和社会资金投入这一领域。同时，政府要对民办中等职业教育的发展方向、规模、层次等进行统筹规划，对符合办学方向和要求的学校给予生均拨款；对职业教育的免学费政策，应督促地方落实到符合办学规定的民办职业学校；对办学质量高效益好的民办学校，可通过政府购买、以奖代补等方式给予经费补贴等。政府还要在不断改革职业教育办学体制和投入机制中，促进民办中等职业学校推行多元化办学模式改革，吸纳社会资金，实现民办中等职业教育单一投入向社会多元投入转变。

（文/李　峰　马　群　方　贺　左传文）

一个坚持操守、心牵民生的小微企业发展“新标本”

【编者按】云南益道通公司“一碗水”情怀的发展路径，让我们看到了我国小微企业发展的轨迹，并为我国小微企业未来如何破解瓶颈、实现新发展提供了有益的借鉴。“在发展企业中首先要用尽洪荒之力找到一碗水自己喝，有了力气后挑一担水给家人喝，家人喝了水有了力气后在村子里打口井供村子里的人喝，村子里的人喝了水有了力气共同修一条河，供一方父母都能喝上水。”这是由穷孩子发展起来的民营企业家“一碗水”的情怀，记录了小微企业良性发展的轨迹。

小微企业是国民经济和社会发展的重要基础，在促进经济增长、增加就业、科技创新、激发民间活力和保持社会和谐稳定等方面发挥着不可替代的作用。国家和政府对小微企业的发展和作用非常重视。李克强总理在十三届全国人大二次会议闭幕后会见中外记者的采访中回答服务实体经济的提问时说，2019 年要抓住融资难融资贵这个制约经济发展、市场活力的问题，多策并举、多管齐下，让小微企业融资成本在 2018 年的基础上再降低 1 个百分点。

李克强总理的答问不仅表达了中央政府对小微企业的高度重视，也给在国际经济增长乏力和国内经济增速放缓严峻形势下的小微企业传递以信心、鼓舞与力量。小微企业是经济发展中最活跃也是最弱势的群体之一，当前发展趋紧的环境，使相当一部分小微企业面临用工成本高、生产要素价格高、税负重、企业负责人思维固化、融资又难等前所未有的生存困境。直面巨大压力和严峻挑战，新时代小微企业如何破解难题实现有效发展？云南益道通基础工程有限公司（以下简称“云南益道通基础公司”）以“不给政府背包袱”的理念和“一碗水”的情怀，在不断将自己的传统产业做大做强的同时，还积极承担应有的社会责任，捐资助学并牵手基金会组织同为革命老区做贡献的工作模式，为我们探索了一条小微企业发展的有效路径，成为新时代小微企业奋勇自强、创新发展的新范例。

云南益道通基础公司的发展简况

云南益道通基础公司是一家从事建筑基础工程、市政工程、桥梁工程、公路路基工程、水利水电工程、土石方工程、城市园林绿化、城市道路照明亮化工程、环保工程、建筑机械设备租赁为一体的工程公司，具有地基与基础工程专业承包壹级资质和市政公用工程施工总承包叁级资质。公司成立于 2010 年 4 月，注册资金 11 380 万元，现有员工 200 多人，其中拥有一级建造师资格的员工 10 人，拥有二级建造师资格的员工 16 人，高级工程师12人，项目经理25人，专业技术人员100人以上，大专以上学历人员占60%，是一支工种配套齐全、技术先进、经验丰富、综合素质过硬、管理完善的队伍。公司现有DBCFG-B32型、DBCFG-B36长螺旋钻机、导杆式柴油锤钉桩机、振动沉管钻机、100 kW回旋钻机、徐工360旋挖钻机、中联重科220 A旋挖钻机、徐工150旋挖钻机等不同的基础工程施工设备100多台（套）。同时还有各型挖掘机、装载机、压路机、推土机、混凝土搅拌机及相关设备与工程和办公用车等100多台。

近10年来，云南益道通基础公司始终坚持明宗旨、重安全、抓质量、强管理，使企业不断稳步向前发展。该公司所承建的一大批工程，如云南残疾人康复中心、保山昌宁园中园、保山安盛路盛家路市政项目、保山永昌景苑建设项目、保山工贸园区项目、保山启迪科技城项目、保山大酒店、腾冲雅居乐小区项目、昆明市南过境高架桥桩基础人工挖孔工程、昆明市前新路与日新路下穿隧道和立交桥节点项目、昆明东站中国移动大厦旋挖桩工程、吴井路证券大厦工程、宏城广场基础工程、英贸办公大楼振动沉管灌溉注册工程、金牛小区副省级住宅别墅基础振动沉管灌注桩工程、小湾电站底线隧道工程、昆安线车家壁立交整体现浇箱梁工程、西坝路立交工程、高新天地基坑工程、经典名望角基坑工程等深受业主好评，得到省市有关部门高度肯定，英贸办公大楼工程获得“卫生奖”、宏城广场工程获“省优一等奖”，公司也被昆明市住建局评为“安全生产先进单位”。

从现有人员而言，云南益道通基础公司是一个名副其实的小微企业；从技术设备来说，其又是一个颇具实力的基础工程公司；从所建的工程考察，其彰显了企业的丰硕业绩、发展轨迹和享有的盛誉。一路劈波向前，云南益道通基础公司以其务实创新的实践为新时代小微企业逆势发展树立了榜样。

云南益道通基础公司的主要做法

在国内外经济下行压力大，尤其是建筑业回归理性、供需矛盾不平衡、竞争异常激烈给这个行业的小微企业带来巨大冲击的形势与背景下，数据表明，有 40% 的企业产值下滑，近 60% 的小微企业已是“带病”生存并出现举步维艰的状况。调研中探究云南益道通基础公司遇风浪而不败，反而激流勇进的原因，深感其以下经验与做法难能可贵，值得当今小微企业深思并借鉴。

一是建企的立足点明确：确立不做政府包袱的发展理念。云南益道通基础公司自建立的那一天起，就有一个非常明晰的发展理念，那就是要立足自我发展，决不能只躺在政府的怀里享受各种优惠和照顾，而要帮政府分忧，依靠自身力量做好企业，为国家发展、为解决社会就业难题发挥积极和应有的作用，而决不能成为政府的包袱。公司团队建设从零开始，在基础设施与房地产建设鼎盛之时，不贪大图利，一心专注基础工程，坚守主业并依靠持续精益发展赢得社会信赖。当行业进入低谷时，大批的房地产及相关领域的企业都面临倒闭的风险，而云南益道通基础公司在关键时刻凭着自己的专注、信誉和实力在激烈的市场竞争中仍然实现稳步发展，得到政府和建设单位及群众的一致认可。云南益道通基础公司以事实诠释了其建企初衷：不以和不浪费国家资源为企业谋利益，发展中不给政府添负担，树立自强奋进的发展新理念。

二是安企的着眼点清醒：坚持企业依法管理的经营思路。

基建工程作为一项重要的民生工程，关系到众多家庭的安居大业，容不得丝毫马虎。但在建筑行业中，“层层转包”成了行业内的“潜规则”。这种行为也许会在短时间内给企业带来效益，但“层层转包”的结果是层层利益“扒皮”，最终导致工程款不足而偷工减料，进而带来影响企业和社会发展的隐患与危害。

云南益道通基础公司是严格按照国家相关法律法规执行并管理的行业标杆。该公司在发展进程中始终杜绝“层层转包”等违法模式，在重安全、抓质量、强管理等严格的法制观念指导下，公司所承建的工程等均无一个和一项“转包”行为，严格依法办事，不仅确保了企业安全无虞，赢得当地老百姓的赞许，同时也凭借产品在业内和社会树立优质企业品牌，获得了省市的高度认可。

三是兴企的出发点清楚：“一碗水”情怀旨在力求共同发展。发展企业，企业壮大时反哺社会就像是孩子长大成人后孝敬父母一样。孩子参加工作后，认为有了钱给父母就是孝敬了父母。可其实，当钱达到数额被送到父母面前时，父母是否真的需要这笔钱呢？如果需要，孩子自认为的钱数真的能够满足父母的需求吗？这笔钱给了父母真的就是孝敬了吗？

企业同理，当企业壮大、有能力反哺社会时，不是单纯能拿出资金给需要帮助的单位、组织和个人就是做慈善，而是应该拥有“一碗水”的情怀才能将企业经营得稳定且长久。

正因胸有“一碗水”的情怀，云南益道通基础公司在逐步发展壮大后，始终牢记反哺社会，方向直指共同发展及与众不同的高远价值追求，同时还在实践中不断探寻适合自己的慈善方式。2013 年，公司开始资助四川省荣县双古中学校的贫困学生延续学业，为推进贫困山区教育事业的发展贡献了力量。2016 年，公司出资 150 余万元助力四川省荣县留佳镇新农村建设，使教育扶贫工作得以进一步推进。公司每年都会从收益中拿出一部分资金，通过专业的慈善机构共同支持地方扶贫工作，同时，公司除自身外还会寻找其他资金方有针对性地再次支援地方扶贫建设项目。

四是强企的落脚点清晰：牵手丹勋教育基金会反哺社会。依靠社会做强，壮大后不忘回馈社会，是云南益道通基础公司不断发展且获得上佳口碑的又一重要原因。2018 年，云南益道通基础公司与丹勋教育基金会成功牵手，成为丹勋教育基金会在云南省的落地单位，还与丹勋教育基金会共同设立“优秀教师奖励基金”，并且在甘肃省华池县南梁镇列宁小学举行“优秀教师奖励基金”启动仪式，“优秀教师奖励基金”的 50 万元用于奖励在教学、教研上成绩优异的教师，调动教师教学的积极性，为社会培养更多优秀人才。此外，双方共同促进中外教育事业的合作与发展，帮助革命老区及贫困家庭子女完成学业，有效推动了革命老区教育事业的发展。围绕回报社会这一落脚点，新时代新发展激励公司确立新的更高的目标：根据云南省地方政府平台公司在扶贫、产业发展、基础设施等领域急需资金欲同公司合作的愿望，将向投、融、建一体发展，把资源与国家政策性银行、国家商业银行、地方性商业银行、民营金融机构及公司有机整合起来，以解决地方政府平台公司的资金通道和各种融资困难。如果融资方的融资成本高于地方政府平台公司所规定的利率，公司将通过所承建相应融资额度的工程效益来支付高出的利息部分。承建项目利润除了企业的生存发展外，公司还要从承建的项目中抽出部分利润承担丹勋教育基金会对云南地区的支教、助学、扶困等公益事业，为党和国家在云南省和其他地方的扶贫攻坚、支教助学等做出新贡献，弥补了小微企业做慈善的精力分散与效果的微小及不足。

（文/谢华平　李　峰　武　桦　方　贺　左传文）

第五章　健康与养老

江苏太仓打造“智慧居家养老服务平台”取得显著成绩

【编者按】“智慧居家养老服务平台”，利用信息技术整合了养老的政策资源、医疗资源和其他社会服务资源，弥补了机构养老难以精细化满足老年人需求的不足，同时也对接了养老需求和市场信息，利用现代信息技术加强动态监督和约束机制，提高了居家养老的质量，是居家老模式中的新平台、新业态，值得关注。

居家养老是老年人依托社会提供服务从而实现在家养老的一种新型养老模式。在机构养老均难以满足老年人需求的情况下，居家养老凭借其能有效整合社会资源、成本相对较低、符合中国文化传统和老年人生活习惯等优势，逐渐成为当下养老的主流模式。近年来，从政府直接提供养老服务到政府购买、社会组织承接，太仓市的居家养老工作在摸索中不断前进，尤其是在打造“智慧居家养老服务平台”上，取得了显著的成绩。

（1）打造信息数据平台。2013 年，太仓市组织实施养老服务“一卡一平台”工程，把全市老年人数据库、居家养老服务费用结算、居家养老热线呼叫、机构养老、日间照料、助餐点服务与管理全部融合于一个平台，同时建立养老专项电子地图显示系统，利用老人手中的养老服务综合卡，将服务情况当场记录，并通过信息系统即时汇总统计，对服务质量实行全程跟踪检查，让养老需求与服务市场有机对接。截至目前，太仓市13.23万60周岁以上老年人的基本信息全部登入到信息平台，所有服务人员都有一台具有GPS定位功能的手机，并能在信息平台上显示工作状态。供应商的信息，包括地址、服务项目、服务价格、联系方式也一一登入到信息平台。

（2）采用电子结算系统。太仓市为所有申请养老服务的老年人都办理了“养老服务综合卡”，每月为享受政府援助和补助的老年人以虚拟化的方式打入相应的资金（自费老人可以自行充值资金），老人凭卡可以在全市养老服务组织享受刷卡服务。通过电子结算系统，服务的项目、时间和服务费等情况都能当场记录，并能通过信息系统即时汇总统计，这样不仅减少了统计工作量，而且实现了从事后监督向事中监督、动态监督转变，对居家养老服务能进行更有效的管理。

（3）建立呼叫中心。“95002”呼叫热线已经建立，并与“12345”热线联网，工作人员24小时在线。呼叫中心为80周岁以上独居老人提供“电话关爱”服务，包括天气预报、吃药提醒、精神慰藉等。通过每周一次的关爱电话，随时了解高龄独居老人动态，及时倾听老人们的意见，做到100%回访。遇到突发事件，呼叫中心将根据电子地图上显示的老人所在具体位置，就近安排服务人员或供应商上门提供服务。

截至2019年6月底，太仓市共有3519人签订服务协议，其中84周岁以上老人3480人；在签订协议的老人中，已派工

3293 人，提供各项上门服务累计达 100 807 个小时。

（文/谢华平　左志锐　李　荣）

山西临汾：打造退休老人“养老 + 创业”新模式

【编者按】“以产养老，以商养老”的理念，既充分利用了老年人的社会价值和生命价值，形成“老有所养，长有所用，业传新人”的循环创新创业模式，有助于延缓衰老，提高生命质量；又为稳固社会保障系统长效运转、化解民营养老机构经营之困提供了宝贵经验，探索了人口老龄化社会养老的新思路。

随着人口老龄化程度不断加深，如何有效缓解社会养老保障系统压力迫在眉睫。为化解这一社会难题，2016 年已 72 岁的退休老人范伟，“以身试法”，发挥余热，创立山西临汾市尧都区伟业项目投资服务有限公司（简称“尧都伟业”），提出“以产养老，以商养老”的理念，拟将老年产业服务、鼓励退休老人“二次创业”融为一体，化解民营养老机构经营之困。

尧都伟业结合我国国情、老年人居住文化习俗等，充分利用已有资源、人脉和丰富的经验，拟在临汾市涝洰河生态园区新建老年公寓、医学健康中心，为退休老人打造颐养居住、学习、运动中心、“二次创业”产业孵化中心，让入院老人在颐养中“二次”学习、积极发挥余热，实现“再次创业”，从而形成“老有所养，长有所用，业传新人”的循环创新创业模式。

有关专家指出，尧都伟业提出的退休老人在颐养中“二次创业”的养老机构建设理念，既打破了“种田养老”“托管养老”“以房养老”的传统，又实现了养老产业的创业创新，有利于推进美丽中国建设，形成新老更替的可持续经济发展新业态和人与自然和谐发展的现代化建设新格局。

养老与“二次创业”结合，打造“循环经济”

有统计显示，截至2014年年底，我国60岁以上人口达2.12亿，预计2055年将达到顶峰，接近4.5亿。但全国人大代表、中铁电气化局集团第一工程有限公司接触网六段高级技师巨晓林抽样调研时发现，农民工中只有11%的被调查者所在企业为其缴纳了养老保险。

一边是农民工供职企业不缴纳养老保险，另一边是国家养老金保值增值压力大，部分地区养老金年度收支赤字严重。首都经济贸易大学范围副教授认为，随着我国人均寿命的延长，达到退休年龄的老人并不必然导致劳动者丧失劳动权利能力和劳动行为能力，应提倡其再次创新创业及就业。

范围研究发现，目前我国60岁以上人群或“迫于生计”或因“工作需求”，“超龄”就业和再就业已成为趋势。72岁退休老人范伟，以国家提倡“大众创业、万众创新”政策为契机，由自己养老的问题，萌生兴办养老机构的想法，拟筹资45亿元在临汾市尧都区涝洰河生态园区，建设涵盖居住、服务管理、健康护理、文化教育、商业、旅游及娱乐六大板块的山西尧都老年公寓及医学健康中心。

目前，该项目已经山西省发改委批准立项，预计建成后，可颐养老人10 000人，创造直接就业岗位3000～5000个，满足山西及周边省（自治区、直辖市）退休老人的颐养需求。在规划中，尧都伟业拟以“养老中心”为中心，为入住退休老人提供创新创业培训、智力支持、信息服务、创业融资、养老基金托管等，从而形成退休老人再就业、创业孵化的基地，让老人濒临失传的手艺后继有人，可以将其后续事业发扬光大。

“六大中心”齐“发热”，保障老人“业有所成”

经济发展离不开创新创业，养老产业发展同样离不开创新创业。尧都伟业将项目规划为“六大中心”：颐养居住中心、服务管理中心、健康护理中心、商业中心、旅游及娱乐中心、文化教育中心，各中心相互呼应，互为因果，形成规划有序、配套齐全的退休老人创业就业孵化基地。

让爱拼搏、想创业、喜发挥夕阳余热的退休老人，在商业中心创业孵化基地创新、创业，尧都伟业为其免费提供办公场地、信息服务、技术支持，以及投融资扶持等。为解决创业失败老人的后顾之忧，尧都伟业在接到创业老人入驻创业孵化基地申请后，会免费邀请相关专业人士为其创业项目进行风险评估，并为其制定完善的创业失败机制，以确保创业失败老人基本养老生活不出问题。

退休老人创业遇到技术困难的，尧都伟业首先会利用文化教育中心成立的退休创业老人协会进行内部消化引导、处理。退休创业老人协会不能解决的，服务管理中心则通过外联高校、科研院所帮助解决。资金存在困难的，服务管理中心通过退休老年创业基金会及中心担保贷款等形式投融资解决。

不愿意创业愿意二次就业的退休老人，既可以在颐养居住中心、服务管理中心等参加力所能及的工作，又可以发挥特长或在旅游及娱乐中心当向导，或在文化教育中心养老护理人员实习基地教书育人，向年轻人传道授业解惑，或在老年大学传承绝技绝活，在旅游及娱乐中心静养耕读。

既不愿意创业也不愿意的就业的退休老人，身体欠佳者，可以进入健康护理中心调养休息，身体较好者，或在文化教育中心图书馆读书、看报，或在旅游及娱乐中心打拳、散步，诵经、下棋，弹唱、听戏。

按照规划，尧都伟业还与山西医科大学、山西师范大学等高校积极对接，拟在文化教育中心联建养老护理人员实习基地，专门培养目前国家人才缺口较大的养老机构护理人才，从而形成“老有所依，长有所用，业传新人”的循环创业经济发展模式。

“二次创业”养老理念，将生成新社会格局

新华社联合百度搜索梳理大数据显示，2016 年全国两会，养老、改革等四大话题成搜索“高频词”。人民网两会调查数据显示，“社会保障”居关注度排行榜第一。鼓励退休老人“二次创业”，对解决国家养老金收支不平衡、化解老龄社会带来的种种社会问题，构建发展新体制，加快形成创新发展的市场环境、人才培养机制具有重要意义，也将有利于经济增速下行态势下，形成新的经济调节机制。有专家表示，西方发达国家退休老人通过再学习、再创新创业案例颇为常见。美国创业支持组织考夫曼基金会调查显示，2012 年，美国新创立企业中，有 23.4% 是由 55 ~ 64 岁的中老年人创立的。他们被称为“再创业的企业家”，因其资源、人脉、经验丰富，创业成功率相对年轻人来说更高。

（文/李　峰　薛应军　马　群）

中国式养老“碰撞”精准扶贫实现1+1>2

【编者按】集健康、养老、休闲、旅游等多功能的六位一体养老模式，成功架接精准扶贫，为养老产业发展和扶贫两大历史性难题提供了新业态、新模式的典型案例。这样的养老模式既能推动养老服务供给结构不断优化，持续改善养老服务质量，充分释放养老服务消费潜力，又为全面打赢脱贫攻坚战贡献了智慧和力量。

社会养老和脱贫攻坚，是我国迈入现代化进程中的两大难题。数据显示，目前我国60岁及以上老龄人口数量已达2.41亿人，占总人口的17.3%，预计到2050年，老年人将达到4亿人的峰值。脱贫攻坚同样如此，党中央提出精准扶贫并明确三年攻坚任务，贫困人口逐年减少，但任务依然繁重。养老与扶贫成为新时代国家、社会和家庭面临的新问题、新挑战。如何解决这两大问题？在完全靠国家承担不现实、社会力量又不足、家庭能力很受限的情况下，重庆中铁任之养老产业有限公司（简称“中铁任之”）将综合养老架接精准扶贫取得显著成效，进而为我国养老与扶贫两大历史性难题的创新解决，提供了具有创造性价值和意义。

养老架接扶贫：中铁任之创新发展破解两大难题

老龄化人口的到来，催生我国养老产业迅速发展，而当今养老产业多以传统单一的就养老办养老，使养老供给侧改革显得十分重要。中铁任之顺应新时代需求，借鉴国内外先进养老服务理念与模式，打破传统创新发展，构建以中端养老为核心的健康城，在集聚健康、养老、休闲、旅游等多功能、形成“医、养、康、护、乐、旅”六位一体的基础上，成功架接精准扶贫，进而为国家养老和扶贫两大历史性难题的创新解决创造了新业态、新模式，取得1+1＞2的卓著成效。

打造多功能综合体满足现代养老需求

中铁任之健康城是重庆地区规模大、品位高的一个现代养老产业基地。其目标是打造我国老龄产业领域中最具规模、配套最全面、拥有专业化的适老康养设备、具有先进理念指导、现代化服务的养老产业平台。在目标的引领下，健康城以现代养老架接精准扶贫，实现了二者一体发展。

一是选址兼顾扶贫。重庆山城，本来就美。中铁任之健康城地处重庆市璧山区大路街道，成环线高速公路—渝遂高速大路互通立交旁，距主城核心区约30分钟车程，位于“渝西经济走廊带”和“重庆二环经济圈”内。东有缙云山，西有云雾山作为天然屏障，西南部和被誉为“川东小九寨”的青龙湖国家森林公园及西温泉接壤，东北部毗邻北温泉国家级风景区，南有秀湖等公园及国内最大的游乐园，成为美中胜地。优美之地而村民不富，是养老与扶贫的“交汇点”。

二是功能体系完备。健康城以专业养老服务供应为核心，建有活力老人社区、医养公寓、医疗康复、健康护理、文体娱乐、商业休闲、生态农业、乡村旅游等八大功能板块。拥有一支具有国际水准的专业养老运营服务团队；研发了一套国内领先的具有独立知识产权的智慧养老云平台；构成了一套以“三大管家”（快乐管家、生活管家、健康管家）为基础、线上线下相结合的养老运营服务体系，能够满足多种养老需求。

三是管理服务现代。中铁任之研发的智慧养老云平台，包含环境监测、上门服务、超员报警、电子围栏、紧急报警、睡眠监测、健康监测、拼接屏 8 项。其中最具特色的是电子圆栏和睡眠监测。失智老人走失是大事。健康城在失智老人活动区域边界设置电子围栏，当老人走出活动区城（即电子围栏）时平台自动报警，摄像头自动打开调取画面，方便急救人员精准定位。睡眠监测主要针对老人出现夜间坠床及起夜出现意外等现象。平台可以根据不同老人的身体状态、夜间起夜状态等设置监护时间。例如，王大妈夜时起夜一般为 10 分钟，平台就可以设置王大妈离床报警值为 15 分钟，当夜间王大妈离床超过 15 分钟时，平台会自动报警，通知服务人员上门查看或者电话咨询，同时平台能够把老人的睡眠情况及报警信息推送到子女端。

四是医食文娱俱佳。医疗上与国内外著名的医疗专家团队建立合作关系，可以通过远程会诊，为入住老人提供国际化诊疗。与市内外知名医院合作建立绿色通道，可实行直升机紧急救援服务，实现远程医疗、家庭医生、绿色通道。饮食上建立营养膳食中心，提供一站式餐饮服务，并定期开展营养膳食讲座。居住上设计适老化居住、配备专属管家服务。文娱上建有社团，定期开展节庆聚会、集体生日交流会及文艺演出等活动。康养上备有先进的康复设施、专业的康复团队，定期邀请中医专家进行会诊并讲课，注重预防性康复训练。

养老架接精准扶贫实现两大难题创新解决

养老产业多选择环境优良之地，可许多环境优美的地方往往也是相对贫困的地方。中铁任之健康城养老产业就是这样，其址所处的优美生态和当地尚不富裕的村民形成反差，但通过健康城养老综合体带动，实现精准扶贫，发生了根本性的变化。

有关专家认为，在一些重大民生问题的解决过程中，各部委分工不同，如果牵头单位与相关部委深度融合，有效配合，共同把问题摆出来，也许会出现意想不到的效果，这是中铁任之养老产业有限公司这个例子给予我们的启示。养老问题是我国跑步式进入人口老龄化社会以来遇到的最大难题，2020 年要解决全国精准脱贫，任务艰巨。中铁任之健康城在着手解决中国养老问题的同时，附带解决了精准扶贫的问题，在两个国家级难题碰撞时，创新得出了 1 + 1 ＞ 2 的答案。若此模式得以推出，不仅惠及中国万千老人，也会有效助力脱贫攻坚，对养老、脱贫两大战略举措具有启示意义。

首先，养老产业孵生第三产业。健康城总占地 4000 余亩，其中 1000 亩为养老居住区，其余 3000 亩为流转土地，配套养老居住区的养老产业。土地流转就要妥善解决农民生计问题。健康城项目运营后，孵化带动了第三产业。3000 亩流转土地的农民就地转化为养老产业的产业工人，实现农民的再就业，让农民不用出家门便有工作，增加了收入。另外，农民把房子租赁给健康城，健康城借以开发现代旅游民宿产业（在此康养的老人的儿女们前来探望也可以居住），可以接待各方前来观光、旅游、休闲、度假的人士。这样，中铁任之将养老与扶贫融为一体，创造出一种新业态、新模式，实现两业交融并进。

其次，就地扶贫深受农民好评。健康城综合养老架接精准扶贫的新业态，使农民们既可以获得土地流转收入，又能就地工作挣工资，还可以分得红利，是名副其实的 1 + 1 ＞ 2。正如调研时，一位健康城的保安对我们说："我就是当地的村民，我们都愿意到健康城来打工，工作环境好，又有稳定收入，更重要的是健康城给缴纳五险一金，我们都觉得有保障了。"村民的普遍认可，为企业发展注入信心与力量。健康城的负责人介绍，现在街边小店的业主都准备不再经营，转而来健康城工作了，同时愿意把房子租赁给健康城，不仅和以前一样能在家门口工作，而且收入更稳定，彻底消除了后顾之忧。

最后，这种创新模式取得双赢。中铁任之健康城养老与扶贫融合发展的模式获得的成效是多方面的：一方面，以流转土地方式建设现代农村企业，不仅有效降低了养老成本，还保障了中端养老人群的基本养老生活，既解决养老问题，又节约建设成本；另一方面，租赁农民的房屋用于发展第三产业，既可以为流转土地而失地的农民予以补偿，还能使周边贫困人员就地转化为健康城的产业工人，通过养老产业带动第三产业发展，在解决养老问题的同时又解决了脱贫问题，实现了就地精准扶贫，具有创新发展的重要价值。据了解，中铁任之下一步将由中端养老和扶贫向末端发力，着力解决老少边穷地区养老难和脱贫难的问题。

中铁任之养老产业成功架接扶贫带来的启示

中铁任之健康城养老产业成功架接精准扶贫的新业态、新样式，为综合养老兼容精准扶贫两大难题的创新解决提供了有效范例，对推动新时代加快发展、实现中华民族伟大复兴的中国梦具有十分重要的启示意义。

一是充分证明了习近平总书记关于融合发展思想的重要性。融合发展思想是习近平新时代中国特色社会主义思想的重要组成部分，其是全面总结国内外发展的经验、深刻反映新时代现实要求并有着重要哲学意义的新思想。事实证明，任何事物都不是孤立存在、单独发展的，而是相互联系、辩证统一的。单个的发展只能导致落后以至被淘汰。中铁任之将养老产业与精准扶贫成功融为一体，是总书记融合发展思想及科学论断的实践诠释。

二是由新时代产业融合发展想到部门携手并融合发展的必要性。实现产业融合发展，要求各行各业的主管部门和相关单位必须具有融合发展观念，要有全国一盘棋、一体发展的大局意识。否则，“你顾你所为，我抓我所管”，就会导致协同缺失而无法形成合力，进而影响以致制约发展。中铁任之养老与扶贫融合发展的新模式，启示产业融合需要各业主管部门和相关单位给予合力扶持和帮助，只有上级主管部门和有关单位牢固树立融合发展思想并付诸实际行动，才能真正推动新时代各业融合发展。

三是中铁任之创造的现代养老与精准扶贫相融合模式具有指导意义。养老与扶贫是我国当前的两大难题，中铁任之将养老与扶贫成功嫁接在一起，形成融合发展的新业态，为弥补社会尤其是国家财力不足做出了贡献，更为国家、社会和家庭减负彰显了企业担当和潜力，提供了企业在这一领域发展的范例，为破解制约乡村振兴和推动现代化发展的两大难题开辟了新路，值得稳步有效推广。

（文/李　峰　马　群　方　贺　左传文）

第六章　以党建促进基层发展

党建统领　协会融合

——平邑成功打造规范化全媒体

【编者按】山东省平邑县成功打造规范化全媒体，体现了县级融媒体中心建设绝不只是传统媒体的简单组装，而是互联网视域下媒体融合向纵深发展的新探索，是构建全媒体传播体系不可或缺的环节。运用好县级融媒体中心建设成果，不仅是提升基层社会治理能力现代化的有效抓手，更是凝聚人心、动员群众、鼓舞斗志的有力武器，也成为当下创新融媒体发展的成功实践，为各地县级融媒体中心建设提供了宝贵的思路。

如今，新时代信息革命带来了信息生产和传播方式的革命性转变，对党的宣传思想工作产生了重大影响。当前，蓬勃发展的互联网日益成为信息集散地、舆论策源地与思想交锋主阵地，是党长期执政面临的最大变量。因此，抓好县级融媒体中心建设，凸显了县级融媒体中心建设在宣传思想工作大局中的重要地位。基于这个重要认识，山东平邑县认真贯彻落实中央要求，在整合规范媒体发展的道路上勇于探索，进而成功打造适应新时代发展要求的规范化全媒体。

（一）思想上明晰媒体的政治性，确立党建对各种媒体的统领地位

媒体是新时代党的宣传工作的主体，媒体做好宣传思想工作，是加强党对宣传思想工作全面领导中的应有之义，是做好新时代宣传思想和推动全面发展的必然要求。新时代媒体工作的这一性能，要求各媒体必须恪守宣传思想的党性原则。平邑县牢牢把握媒体宣传思想工作的党性功能，充分认识到宣传思想工作是党的政治工作，媒体的宣传思想工作，必须为党的方针政策和国家发展战略服务，必须旗帜鲜明地讲政治、讲党性、讲方向。为此，需要贯彻落实党管宣传、党管意识形态、党管媒体原则，坚定不移宣传党的理论和路线方针政策，宣传中央重大工作部署，宣传中央关于形势的重大分析判断，体现党的意志、反映党的主张，维护中央权威，确保媒体始终坚持正确的政治方向、舆论导向、价值取向。

建设县级融媒体中心，是党中央对新时代媒体发展的要求，也是我国走向高质量发展的需要。做好县级融媒体中心不仅要求整合党政媒体，整合域内自媒体、商业等媒体，打造集宣传教育、正面展示、舆论引导于一体的新媒体矩阵，更需要党建引领，坚持党对舆论工作的统一领导，积极有效地为党和国家服务，为广大人民群众服务，进而显示正能量，树立好形象，传播好声音，唱响主旋律，引领新风尚，凝聚众人心。平邑县对媒体的政治功能与党性观念的高度认识，为创新全县融媒体发展奠定了坚实的思想基础。

（二）实践中积极探索融合模式，创建新媒体协会凝聚合力

探索媒体融合，要切实寻找融合的模式和载体。为此，平邑县牢固树立党媒姓党的意识和指导思想，高点站位，积极采取以下 3 个方面的措施。

一是架设党政机关和民众沟通的桥梁，创建平邑新媒体协会。党建统领，这个“统”需要有全方位的阵地和对象。要全面发展县级融媒体和全媒体，平邑县政府认识到，仅仅整合传统媒体是远远不够的。难免使体制外大量的自媒体很难自愿成为其有效管理的对象。为了实现智慧平邑·融媒体中心对全县所有媒体的无缝隙、全覆盖服务与监管，2017 年 6 月，以县委宣传部为主管，平邑县成立了新媒体协会。这一非官方传媒社团组织的成立，顺应了媒体的期待，立即产生了巨大的吸引力，吸引了全县媒体尤其是自媒体的踊跃加入，使自媒体感觉从此找到并有了共同的“家”。协会囊括 13 个常务理事单位和近 50 个会员单位，涵盖全县影响力较大的文化传媒公司、门户网站及微信公众平台，将全县所有的自媒体都纳入协会。新媒体协会这个大家庭的建立，使平邑县各级媒体都处在融媒体中心的监管之下，在新媒体协会的管理下，拥有 39 万粉丝的全县最大手机 APP 自媒体平台——“掌上平邑”，成为县委宣传部了解民意、引导舆论、疏通舆情、宣传群众的重要阵地。

二是党建引领落实到融合载体，成立新媒体协会党支部。平邑新媒体协会党支部的诞生，成为山东首个新媒体协会党组织。如果说协会的创建是汇聚平邑各媒体的平台，那么党支部就是凝聚各媒体尤其是自媒体的核心力量，实现并加强了党对

媒体的领导。协会党支部成立后，针对实际，建立了一整套围绕党对新时代传媒要求的运行机制和工作制度，按运行机制和制度规范全县媒体行为，充分发挥思想政治引领、成员教育管理、党员模范带头和平台载体建设等方面的作用，引导自媒体人员树立正确的价值观、事业观、社会观，发挥媒体的正能量宣传效应，做好党和政府同民众沟通的桥梁。党支部的引领既延伸了县委宣传部的触角和知觉，更为便捷快速了解搜集社情民意，作为“第三方”重要发声渠道，同时也可以对正能量及时肯定，对负能量及时抵制，对政策规定及时宣介，对模糊认识及时廓清，对怨气怨言及时化解，对错误看法及时纠正。与此同时，平邑县采取管建同步、管建并举、党管媒体的原则，县融媒体中心和平邑广电互联网传媒有限公司均成立了党支部，与新媒体协会党支部同属一个党委领导，携手并同步发挥党建引领的重要作用。

三是自主研发融媒体系统，实现打造智慧平台立体发声。协会同官方采取“方案由自己构思、技术服务找专家提供”的方式，结合平邑县宣传工作实际，自主研发了智慧平邑融媒体系统，设置了上传素材、审核素材、素材管理、制作回传、审核回传、预览资源、资源管理、一键分发 8 个板块，实现网上办公、一键处置、及时推送、互动交流，营造智慧连接、开放共享的融媒体生态环境。融媒体系统打造的智慧平台具有融合功能的“四性”：在覆盖性上，实现了对县域所有传统媒体和新兴媒体的全覆盖和统一传播，包括 15 个党政网站、26 家自媒体和广播电视网络、村村响网络等。在自主性上，已申请软件著作权，拥有独立服务器和大容量数据库，今后升级维护均自主选择第三方购买服务。在时效性上，破除了传统媒体与新媒体之间在策划、采访、编辑、播发等环节的壁垒，充分发挥“融媒体指挥调度中心”的重要作用，精简运行程序事项，根据广播、电视、新闻网站、“两微一端”等不同媒体的题材需求，重构“一次采集、多种生成、多元传播、全方位覆盖”业务采编流程，形成“策、采、编、播、发、存、评”一体化媒体融合新机制。在适用性上，既可与报纸、电视等传统媒体和微博、微信、客户端、头条号等新兴媒体对接，还能同雪亮工程、智慧城管、智慧环保、酷米客交通、党建、政务等系统平台对接，通过舆情监测平台对发布内容传播情况进行实时采集、追踪、统计，通过大数据分析及时掌握传播效果和舆情态势，做到了线上线下、县内县外的整合信息和融合宣传。融媒体智慧平台形成了多媒合一、功能齐全、报道规范的合力。

（三）好成效折射媒体融合重要，彰显“统”的功能与优势

山东平邑县以党建统领、协会融合打造新时代发声规范化全媒体实践获得了具有样本意义的成效，这些有着指导性的成效主要表现在以下 4 个方面。

一是解决了传统媒体发展滞后的诸多问题。相对于现代媒体，在已网络化的今天，传统媒体存在不少问题。①新闻时效性不强。一个新闻事件发生后，网络和手机客户端在短短的几小时甚至是几分钟内就会播发出去，而县级广播电视台大多只能在当晚固定时段播报，县级纸媒更要服从发刊要求，信息的严重滞后大大削弱了主流媒体的时效性和权威性。②影响力覆盖面减弱。随着信息技术的发展，有线电视安装率逐年下滑，群众越来越习惯于靠浏览手机网页、登陆媒体客户端来获取信

息，花在电视和报纸上的时间越来越少。加之网络“标题”生活化，新闻加工手段层出不穷，传统媒体新闻报道难以吸引群众、留住群众。③运行管理方式落后。在信息浪潮的冲击下，县级广告收入锐减，经济压力较大，保运转、保工资成了当务之急。加之传统管理方式不够科学，业务运行、绩效考核、晋升激励机制也不够灵活，行业专业人才引进、培养和使用体系不健全也不太科学，导致队伍素质与事业发展存在较大差距。

二是拓展了服务党务、政务及民生的阵地。融媒体坚持移动优先策略，让主流媒体借助移动传播，牢牢占据舆论引导、思想引领、文化传承、服务人民的传播制高点，将服务触角向基层拓展、向楼宇延伸、向群众靠近，努力将宣传工作转化成现实生产力和强大正能量。平邑依托智慧平邑融媒体平台，在贴近性、高品质、互动化上做文章，开发推广囊括今日要闻、政策解读、在线办公、为民办事、邑城广记、影像邑城、小布丁便民等栏目的“智慧平邑”APP，通过生产品牌化、本土化、特色化的精品内容，打造时政、民生、监督、服务等多形态的内容链，让群众足不出户、动动手指就能了解党的政策、办理业务、反映问题等。例如，“为民办事”栏目可让群众提出关心的事情或诉求，经宣传部门汇总后，督促相关部门24小时内在栏目中答复释疑，形成了群众线上提问、部门线下运行、线上线下互相推动、以点对面解决问题的新格局。2018年春节期间，全县唯一的热源企业易达热电的锅炉出现故障导致县城停暖，大量情绪激动的居民通过12345热线反映问题。平邑县在搞好新闻发布的同时，由县住建局在融媒体平台“为民办事”栏目开通直播通道，每天向全县群众直播维修工人夜以继日抢修锅炉的实况，既有力地督促了抢修进度，又积极展现了政府作为，还及时让群众了解了实际情况，进而平息了群众怨气，有效解除了舆情隐患。

三是清理了各传媒发声管道并消除“杂”音。平邑新媒体协会集全县各媒体于一体，融媒体系统打造的智慧平台立体发声让党组织能及时监督与管控各媒体特别是自媒体的传播内容与党的要求和现实是否一致。尤其是对一些不明真相、不负责任以至别有用心的人的伪报，能将其有效晾晒在光天化日之下，以正视听。例如，2018 年 4 月 11 日，平邑县发生 3.1 级地震，经排查，未发现房屋倒塌和人员伤亡的情况，但网民高某某在微信群散布“平邑县预计当晚仍有 6.2 级地震”的虚假信息，造成当地居民严重恐慌。县委宣传部通过融媒体中心及时发声辟谣，利用“掌上平邑”第一时间将辟谣信息头条置顶，大量网友转载传播，有力攻破了谣言，并在粉丝协助下帮警方快速破了案。

四是统一了党的声音并以主旋律促进当地经济社会高质量发展。平邑以党建统领，协会融合打造新时代发声规范化全媒体运营近两年来，安全性、稳定性完全达到预期要求，为新闻舆论宣传、提供综合服务、化解负面舆情、密切党群干群关系、助推平邑加快发展等发挥了重要作用。一方面，全媒体紧紧围绕中心、坚守阵地，始终服从、服务于党的事业大局，确保主阵地不丢失、主旋律不走调，让党委政府的主张成为时代的最强音。如中国共产党第十九次全国代表大会开幕当天，平邑的广播、电视、报纸、自媒体等县内媒体均从不同角度、不同风格分众化确定传播模式和传播渠道，用不同的表达方式实现了统一发声。另一方面，坚持以人民为中心的工作导向，强化为民服务功能，积极探索“媒体 + 政务”“媒体 + 服务”等运作方式，综合运用报纸、广播、电视、网站、两微一端等多个终端，将媒体服务、民生服务和政务服务整合在一起，积极完善各种互动式、服务式、体验式媒体服务，推动传播内容和传播方式全方位、全天候、多领域发展，实现了为民服务从单一新闻宣传向公共服务范畴拓展，从单向传播向多元化互动传播延伸。此外，平邑县始终秉持守正创新理念，把准新时代新闻传播的“脉搏”，大力调动人的主观能动性，按照全媒体发展要求，将传统媒体的“高度”“深度”和“公信力”优势，与新媒体海量信息的“广度”“速度”和“互动度”特点有机结合，做到信息资源“一网打尽”，充分发挥了全媒体党的“耳目”“喉舌”功能，有力地推动了新时代高质量发展。

（文/谢华平　李　峰　左传文　尹　娟）

从强基固本着眼提升执政能力，强化基层党建

——山东泰安构建“1+5”工作体系　深化从严治党调研

【编者按】“1+5”工作体系是从严治党的新探索，有效破解了从严治党中“谁来抓、抓什么、怎么抓”的关键问题，围绕干部“学选任德勤廉”等构建起了一套严密的防范体系和考核机制，在不增加编制、不增加财政支出的前提下，组建了从严治党主体责任科，实现了各部门从严治党的有效融合，推动新时期从严治党工作呈现出新气象、新作为、新突破。

习近平同志在党的十九大报告中强调，要坚定不移全面从

严治党，不断提高党的执政能力和领导水平，中国特色社会主义进入新时代，我们党一定要有新气象新作为。山东省泰安市从强基固本着眼，以从严治党为抓手，以提升党的执政能力为目的，加强基层政权建设，通过不断实践探索，构建出具有泰安特色的“1+5”工作体系，实现新时期从严治党工作新气象、新作为、新进展、新突破。

2019年以来，泰安持续加大从严治党力度，共查处违反中央八项规定精神问题34起51人，查处形式主义、官僚主义突出问题154起，处理241人。开展涉黑涉恶腐败和充当“保护伞”问题专项整治，严厉查处打击涉黑涉恶腐败和“保护伞”问题，给予党纪政务处分100余人，通报曝光典型问题28起41人次。仅前5个月，全市纪检监察机关就处置问题线索1319件，立案549起，处理107人，党纪政务处分589人，其中移送司法机关17人。在2018年4月山东省纪委省监委组织的案件质量专项检查中，泰安市案件质量走在全省前列。

在突出治理违法违纪腐败的同时，泰安市委坚持标本兼治，加强党员干部特别是领导干部的教育培训，上半年共培训各级各类干部8600人次，同时发现培养选拔优秀年轻干部，选拔使用政治上过得硬、靠得住、能打仗、打胜仗的干部，使党的建设和党组织号召力、凝聚力、战斗力空前提升。

2017年，泰安市在从严治党考核中成绩进入山东省前三。2018年，泰安市从严治党被评为全省“好”等次，同年，中央党建领导小组秘书组在泰安召开地方党委全面从严治党主体责任落实推进机制研讨会议，对落实党委主体责任工作“泰安实践”给予高度评价。

有关专家指出，治国必先治党，治党必须从严。泰安市以问责促落实唤醒责任担当，在政治建设、思想建设、组织建设、作风建设、纪律建设方面坚定不移推进全面从严治党，激浊扬清、强基固本，清新党风政风，以提升执政能力建设，夯实执政基础、巩固基层政权的“泰安实践”可圈可点。

（一）抓牢“三个”重要环节，“1+5”工作体系助推党的执政能力建设

科学的执政理念和执政意识、高素质的执政主体、健全完善的制度体系，是党的执政能力建设的三个最重要的环节，泰安市牢牢抓住这三个重要环节，并把三者有机地结合起来，以“1+5”工作体系为准则促落实，助力推进党的执政能力建设，提高党的执政水平。

（1）以科学的执政理念和执政意识为标准，加强思想政治建设。2018 年，在山东省委意识形态工作考核中，泰安市被评为“好”等次。把意识形态工作责任制落实情况纳入市委巡察内容，对 12 个单位开展了专项监督检查，对下辖县（市、区）和泰安高新区、泰山景区进行了集中督查。用习近平新时代中国特色社会主义思想武装头脑，不断增强政治定力，切实拧紧全市党员干部理想信念的“总开关”。抓好党委中心组学习，指导全市各级党委（党组）理论学习中心组分领域、分专题、分阶段开展学习。

（2）打造高素质的执政主体，严抓正风肃纪问题，落实管党、治党政治责任。泰安市坚持从严教育、从严管理，把严的措施、严的要求贯穿干部队伍建设全过程。加大党员干部培训轮训力度，在市委党校主体班次新开设 10 个专题，开办泰山“大讲堂”，上半年共培训各级各类干部 8600 人次。实施干部选

拔任用“落实力、攻坚力、创新力、专业能力、应对风险能力”写实评价，选拔使用政治上过得硬、靠得住、能打仗、打胜仗的干部。发现培养选拔优秀年轻干部，新抽调68名干部到工作一线挂职锻炼，从市县机关选派404名干部深入基层开展联系服务。在落实党委主体责任工作中，中央党建领导小组秘书组对“泰安实践”给予高度评价，在从严治党考核中，泰安市近几年连年被山东省评为“好”等次。这些成绩与泰市安将落实全面从严治党主体责任纳入全市整体工作布局，与经济社会发展同谋划、同部署、同考核有着密不可分的关系。泰安市坚决执行中央决策部署，立足泰安实际创造性开展工作，以实际行动诠释忠诚、维护核心。

（3）健全完善的制度体系，打造全面过硬的基层党建。制定推进乡村组织振兴“十条措施”实施方案，深化“五乡行动”，加快“十百千”工程创建。持续开展“育苗升级”工程和换代行动，打造过硬党支部。推进城市基层党建共同体建设，100个城市社区建立起“三位一体”社区治理体系。推行“主题党日+”党员教育管理模式，建设市主题党日活动中心、南湖党建文化主题公园、蒿里山第一支部等党员活动基地。举办纪念中国共产党成立98周年暨新时代泰山“挑山工”先进集体先进个人表扬大会，隆重表扬10面新时代“挑山工”红旗、20名标兵，100个先进集体、100名先进个人。

脚踏实地深入开展“1+5”工作体系，坚定不移抓牢“三个”重要环节，深化全面从严治党，泰安市的治理能力得到明显提高，成绩卓著，源于始终把为党尽职铭记于心、把责任使命扛在肩上，持之以恒，深耕细作，立足实际，探索创新，敬终如始做好探路者、先行者。

（二）夯实执政基础，先行先试构建“1+5”工作体系

我国一步步迈向国家富强、民族振兴、社会和谐、人民幸福的宏伟进程，靠的是中国共产党的制度优势和执政能力。提高执政能力，首先要夯实执政基础。泰安市在思想上、政治上、行动上积极作为、先行先试，于2016年前探索构建出一套责任清晰、系统配套、科学规范、运行有序的落实全面从严治党主体责任的“1+5”工作体系，以巩固基层政权。

“1+5”工作体系，即1个主体责任工作机构，5个方面制度规定。建立1个由市委书记任组长，市委副书记任副组长，市人大常委会党组书记、市政协党组书记和其他市委常委为成员的主体责任工作机构。制定5个方面制度规定，即印发《关于落实全面从严治党主体责任的若干意见》，出台《市委落实全面从严治党主体责任工作分工方案》，组织签订《落实全面从严治党主体责任责任书》，制定《泰安市党委（党组）落实全面从严治党主体责任检查考核办法》，出台《关于加强党内问责的实施意见》。

科学的体系构建需要制度来规范，完善的制度规范也需要人来执行落实。泰安市委市政府充分认识到这一点，制定有落实全面从严治党主体责任若干意见、任务分工方案、主体责任责任书、检查考核办法、党内问责实施意见等一系列措施以提高党的执政能力建设。

（1）设立主体责任工作机构，从严履行分管责任。印发《关于落实全面从严治党主体责任的若干意见》，明确党委（党组）全面领导责任，包括发挥领导核心作用、推进思想理论建设、严肃党内政治生活等9个方面的责任；党委（党组）主要

负责人的第一责任，包括带头落实主体责任、严格遵守政治纪律、认真执行民主集中制等 7 个方面的责任；其他班子成员的重要领导责任，包括从严履行分管责任、认真落实“一岗双责”等 5 个方面的责任。成立市委落实全面从严治党主体责任领导小组及其办公室，打破工作定式，通过机构改革，最大限度整合党委部门的职能，构建起上下贯通、条块结合、全面覆盖、运转高效的工作体制，形成推进主体责任落实的强大合力，解决有人来抓、有机构来抓的问题。

（2）细化任务分工，确保任务有人抓、事事有落实。出台《市委落实全面从严治党主体责任工作分工方案》，对党委（党组）的全面领导责任、党委（党组）主要负责人的第一责任、其他班子成员的重要领导责任均做出明确规定。将主体责任细化分解为 39 项具体任务，并逐一明确牵头部门，落实到 26 个责任单位。

（3）逐级加压，层层压实责任。组织签订《落实全面从严治党主体责任责任书》，由市委书记分别与市委各常委、各县（市、区）委书记签订；市委分别与 100 个直属党组织签订。同时督促全市各级党委（党组）与下一级党组织，主要负责人与班子成员、下一级党组织主要负责人，班子成员与所分管部门单位主要负责人等逐级签订。每季度对部门单位进行随机抽查，每半年调度一次全市的工作情况，搞好综合分析研判。同时，着力加强对重点工作、重点部门、重点岗位和重点环节的跟踪督查，对发现的问题及时整改。严格落实报告制度，年初由下级党组织向上一级党组织报告上年度落实全面从严治党主体责任情况；年末由领导班子成员结合年度考核述职向所在党委（党组）报告个人履行全面从严治党责任情况。

（4）强化检查考核，完善队伍建设。制定《泰安市党委（党组）落实全面从严治党主体责任检查考核办法》坚持把考核问责作为压实责任、推进落实、传导压力的有力手段，不断优化措施办法，构建起环环相扣的压力传导链条。将经济社会发展“千分制”综合考核调整为全面从严治党综合考核与经济社会发展综合考核并行的“双千分”考核。把全面从严治党综合考核结果与经济社会发展综合考核、干部管理任用、干部奖惩结合起来，切实解决各级领导干部抓党建工作内在动力不够强等问题。严肃考核问责，依据考核结果对落实全面从严治党主体责任不力的党组织进行问责，倒逼各级党组织把管党治党责任担当起来，推动主体责任由“软约束”变成“硬任务”。

（5）年度检查考核，从严问责追责。《关于加强党内问责的实施意见》是作为对落实全面从严治党主体责任不力的党组织进行问责的主要制度依据。将市直部门单位年度检查考核结果、反馈意见和党组织书记履行全面从严治党主体责任述职评议结果转送分管市领导，由市领导对分管市直部门单位党组织主要负责同志进行约谈，就存在的问题共同研究整改措施，督促抓好整改任务落实。

全面从严治党关键在严，要害在治。泰安市推行“1 +5”工作体系，履行分管责任，细化任务分工，逐级压实责任，强化检查考核，从严问责追责，把党的建设植根于群众的沃土中，坚持问政于民、问需于民、问计于民，切实增强基层党组织的生机与活力，开创执政能力新境界新思维。

（三）坚定不移推行“1+5”工作体系，带动执政能力建设更多启示

（1）明责定责，做执政能力建设的“指南针”，把准了政治方向。政治方向事关党的前途命运和事业兴衰成败。明确责任、界定责任是把各级党组织建设成为坚守正确政治方向的坚强战斗堡垒。泰安市委制定《关于落实全面从严治党主体责任的若干意见》，分别明确了各级党委（党组）的全面领导责任、班子主要负责同志的“第一责任人”责任及其他班子成员的重要领导责任，细化分工、责任到人、压力到岗，做到了主体责任任务明确、履责有依、问责有据。市委主要负责同志坚持带头示范、以上率下，带头维护核心对党忠诚，带头守纪律讲规矩，带头严肃党内政治生活，带头接受党内监督，带头弘扬优良作风，发挥好“关键少数”示范带动作用，将全面从严治党各项工作部署坚决落实到位。

（2）履责尽责，做推动主体责任落实的“压舱石”，夯实了政治根基。国以民为本，社稷亦为民而立。在其位就要为人民尽其责。泰安市建立上下贯通的责任传导机制，市委与下级直属党组织，上级党组织与下一级党组织，市委书记与市委各常委、县（市、区）委书记，市直各单位主要负责人与班子成员等，分别签订责任书，推动压力传导、责任落实。通过逐层逐级签字背书，确保把主体责任横向落实到班子成员、纵向落实到各基层党组织，做到全覆盖、无盲区、零死角。泰安市党员、干部上下齐心，锐意进取，把精力和心思用在稳增长、促改革、调结构、惠民生、防风险上，用在破难题、克难关、着力解决人民群众最关心最直接最现实的利益问题上。

（3）督责检责，做增强风险意识的“助推器”，防治了政治风险。强化检查、定期督导，是推动各级履责尽责、狠抓落实、防范政治风险的有效方法。泰安市坚持抓在平常、严在经常，每年都对履行全面从严治党主体责任和抓基层党建工作开展述职评议，参与述职的党委书记进行述职。评议内容分总体评价和分项评价，按“好、较好、一般、差”4个等次进行无记名测评并排名。通过扎扎实实的述职评议，把全面从严治党主体责任工作压紧压实。在加强日常监督管理的基础上，强化问题导向，总结梳理巡视巡察发现的问题，研究制定了《政治巡察监督重点及突出问题表现》，明确了47项监督重点、168个突出问题表现。2019年以来，泰安市巡察共发现问题1603个，移交问题线索258个，有力地促进了全面从严治党各项任务落实。

（4）考责问责，做弘扬清风正气的“撒手锏”，涵养了政治生态。“政治生态好，党内就会正气充盈；政治生态不好，党内就会邪气横生。”营造良好政治生态、实行考核问责是弘扬清风正气的重要方面，是压实主体责任、推进落实工作的强力保障。泰安市把从严考核作为压实责任、推进落实、传导压力的有力手段，坚持失责必问、问责必严，出台考核办法，发挥考核“指挥棒”“风向标”作用。由市委主体责任办公室牵头，对全市主体责任落实情况进行检查考核，检查考核内容包括年终考核、日常考核和特色亮点工作考核。全面从严治党主体责任考核结果排名靠后、出现重大问题的党委（党组）主要负责人要接受组织约谈，对落实主体责任不力，管党治党失之于宽、失之于松、失之于软的问题坚决予以纠正。通过严格考核问责，倒逼各级党组织把管党治党责任担起来，推动了主体责任由

"软约束"变成"硬任务"。

（5）落实"1 +5"工作体系，做全面从严治党的"净化器"，提高了政治能力。事业兴衰，关键在党。强化基层、夯实基础，不断提高执政能力，才能执掌航舵，迎来千帆竞发、百舸争流的发展格局。

泰安市委常委、市委秘书长宋洪银认为，山东省泰安市从强基固本提升党的执政能力着眼，深化全面从严治党，从抓牢"三个"重要环节切入，以构建"1 +5"工作体系破题，以上率下、以身作则，踏石留印、抓铁有痕，积极推进党的建设和自我革命，始终以自我革命精神强力推动全面从严治党取得了一定的成绩，但全面从严治党是一场持久战、攻坚战，管党治党一刻也不能松懈，坚持问题导向，保持战略定力，在提升执政能力上花大力气，下狠功夫，绷紧从严从紧这根弦，坚定不移推动全面从严治党，使全面从严治党的思路举措更加科学、严密、有效，确保党同百姓想在一起、干在一起，不忘初心、继续前进，方能在历史性"赶考"中交出优异答卷。

原中央政策研究室哲学历史研究局王念宁局长认为，山东省泰安市落实从严治党政治责任"1 +5"工作体系，紧紧抓住"责任"这个核心，解决了地方党委全面从严治党工作"谁来抓、抓什么、怎么抓"的问题，提供了一套操作性很强的措施办法，探索出了地方党委抓从严治党工作的一条新路子，此经验值得有关方面进一步研究和深化。

（文/谢华平　李　峰　马　群）

高科技让党建变虚为实并引领农村社会治理创新

——黑龙江五大连池组织部利用科技企业创新工作模式调研

【编者按】 黑龙江五大连池市委组织部面对当前党的基层组织建设中存在的突出问题，通过办公云平台的研创，积极构建“互联网+党的基层组织建设”新模式，促进网络技术和信息化与传统组织管理深度融合，推动基层党建工作由虚转实；创建村级服务“五个队”，颠覆了传统社会治理的模式，有效解决了改革开放以来由于分田到户，街道、乡、镇党的基层委员会和村与社区党组织很难找到领导本地区工作及基层社会治理抓手的难题。

当前，乡村振兴战略正推动中国农村向高效优质发展。可是，在高效优质发展的背后，却仍然存在诸多发展中不容忽视的问题，尤其是农村社会治理领域新老问题交织在一起，农民的获得感、安全感和归属感还不明显，基层政权不知道该如何有效治理。

面对改革开放后困扰农村健康发展的难题，黑龙江省五大连池市委组织部依托黑龙江省华泰兴成信息科技有限责任公司（以下简称“华泰兴成信息科技”）研发的五大连池党建办公云平台，即红色先锋系统，将基层党建与社会治理工作有机融合，创建了以党建为抓手带动农村基层社会治理的新模式，这不仅是改革开放40年来面对问题解决问题的有效举措，也开辟了新时代党建工作利用现代信息科技实现从“虚功”真正向“实做”转换的先河，充分体现新时代党建工作的总揽性能及引领发展的时代担当精神。

研创云平台：改以往党建的多职能“虚”功集为“实”做

党建工作属于意识形态领域范畴，与经济社会发展和从事实业的工作比，确实相对“虚”。然而，意识形态是以武装人的头脑为前提的，思想是行动的前导，意识形态这种重要的思想指导功能，表明做好党的意识形态的“虚功”是更高层次“务实”。但“虚功”并不等于“虚无”，而需要探索更为科学快捷的方法。五大连池市委组织部牵手华泰兴成信息科技研创的五大连池党建办公云平台，实现了党建工作由“虚”向“实”的转变。

首先，党建办公云平台的研创，实现了党建办公与多种职能的深度融合。五大连池市委组织部利用华泰兴成信息科技研发的云平台，创新“党建工具”，将以往党建办公系统、党建宣传系统与聊天系统等多套系统集成化一，统一了界面规律与操作规律。目前，手机端、移动端有6项办公系统、18项宣传网页。该系统将党务办公涉及的通知收发、实时通信、工作发布审核、组织人员管理、资料保存、会议记录督导和党建宣传涉及的网站页面宣传、微信宣传、短信宣传及党员教育管理工作涉及的视频推播、视频学习统计、考试测评等功能进行深度整合，使工作人员只需要一套系统便可完成办公与宣传、教育等多种职能工作，增加了信息数据的利用率，减少操作量，大幅提高工作效率。通过对党员基本数据添加多种分类标签，将党建工作中的工作收发审核、资料保存、宣传发布等工作与信息进行精准定向发送，使工作人员可以快速地利用系统的网站、微信公众号、短信等多种信息渠道，将信息分类传递到每一位党员手中。

同时，党建办公云平台对党员层级管理，可实时获取党员动态。例如，市组织部可监管辖区内所有县的党员，县可以监管辖区内所有镇的党员，镇可以监管辖区内所有村的党员。如此，便可把问题解决在初始之时、萌芽状态，避免了由“亚健康”恶化成“重病症”，有效实现了对党员的层级管理。

通过全市各级党组织 6 个月的试运行情况反馈，新系统运行稳定，改善了以往党建办公系统与宣传系统和监督系统等相互独立，以及宣传时效性弱、党务公开率低、党建工作人员重工作轻宣传等现象。

其次，党建办公云平台的研创，确保了党课视频定向投送和监督监管到位。五大连池市组织部利用五大连池党建办公云平台的远程党课模块，创新开展以党课定向投送提升教育质量为目的的远程教育工作，通过在系统中将党员基本信息增加身份（机关党员、农村党员、社区党员、国企党员、“两新”党员、离退党员等）、年龄、正式党员或预备党员等分类数据，还有将教育视频按类型进行归类与推送的方法，做到了智能规划每一名党员的学习内容。

该平台的民主测评功能创新开展了组织生活会与民主评议党员活动，支部党员通过系统直接对支部每一位党员进行分档评议，实现监督公开。此外，辖区内党员依此平台可第一时间向党组织汇报工作，党组织也可对辖区内党员实时监督、监管，可对全市 7337 名党员实行信息一站式发送。2019 年春节期间，市委组织部就用此功能对全市党员进行了节日慰问。

汇总党员 3 个月的使用情况反馈，新的远程教育方式有效减少了党员在学习中甄选教育视频的时间，改变了以往泛而不专、以至虚假学习的教育模式，提高了党员的学习效率与积极性。

最后，党建办公云平台的研创，用以强化基层党建推动地方经济发展。党建工作不能就党建抓党建，党组织生活也不是关起门来开支委会。只有与农村经济发展紧密结合，才能实现党建工作化无形为有形，实现党建工作有力促进经济发展。五大连池市委组织部创新党建形式服务基层，通过在五大连池党建办公云平台新闻首页增设党员“电商”销售与“两新”企业销售招工等信息宣传版块，增加农村党员与“两新”组织社会认知度与市场竞争力。自版块上线运行 6 个月以来，累计为国昌热力公司招聘工人 15 名。促成兴隆镇复兴村玫瑰花特产交易 30 笔。为五大连池市宝泉啤酒厂招聘工人 2 名，会计 1 名。

党建办公云平台将党建促进各项事业发展的抽象理念，以让百姓直接受益的“接地气”的形式展现，避免了由于部分基层党组织与党员认为党建工作是“虚业”、群众在党建引领各业、党建促进经济发展、党建服务基层等方面认识不足而导致的口号响动作轻、党建工作与经济发展脱节的现象。

全面融合抓：引领农村社会治理工作，创设“五队”新机制

我国农村自改革开放后开始设立村“两委”并实行村小组自治模式。市场经济的发展与承包经营的实际使村“两委”及村民自治中既缺少高素质、能力强、能够带领村民致富的村干部，也缺少有文化、懂技术、会经营的新型农民。城镇化推动农民进城，留守村民多是老幼、妇女，他们或因年龄，或因能力问题较少参与村集体事物的管理和监督。这使得村里的公共

服务建设严重缺失，传统乡村文化发展遭遇，留守村民增收手段单一，基层矛盾频发。

针对当前农村现状，为解决基层各种矛盾和问题，助力乡村振兴，五大连池市提出了党建引领推进社会治理工作的新思路。使党建办公与多种职能深度融合、集“虚”为实的做法进一步延伸到社会治理，对农村基层社会治理功能重新划分，创设了村级服务“五个队”，即“支部 + 村委会”的管理机制。由各村党支部书记与村委会主任进行统筹安排，进而将研创党建办公云平台的创新性工作推广到每个社、每户和每人及每项工作的每个环节上。这一机制颠覆了传统社会的治理模式，有效解决了改革开放以来由于分田到户，街道、乡、镇党的基层委员会和村与社区党组织很难找到领导本地区工作及基层社会治理抓手的难题。

一是创立村级事务服务队，努力解决村级各种复杂事务。村“两委”有时力不从心。现打破原小组界限，成立村级事务服务队，由服务队长带领队员走访村户、维护群众的合法权益、解决群众提出的合理诉求，协调村里的婚丧嫁娶等事宜，对于涉及面大、影响广及当前难以解决的问题，及时上报村“两委”处理。如此，通畅了村级事务的“微细血管”，激发了社会治理工作新活力，不仅让党员、村“两委”发挥了主体引导作用，而且村民的文明素质明显提高，对于村内的各项活动也更加支持。

二是创立经济发展先锋队，统一管理村项目并随时搞好各项服务。利用自身优势资源，积极为村庄经济发展献计献策，组织村民开展技术技能培训，帮助村民实现转移就业，拓展农民增收渠道。兴隆镇红升村党支部书记说：“经济发展先锋队主动为项目建设协调服务，积极帮我们引进高效专业技术及优质苗木，助推红升合作社做大做强。共同解决项目建设中存在的具体问题，确实帮村里做了不少事儿”。

三是创立矛盾纠纷调解队，有效化解村民各种矛盾纠纷。矛盾纠纷调解队设立后，村民出现矛盾不再直接由大队治保主任调解，服务队的队员们通过与群众拉家常的方式，全面掌握村内矛盾纠纷情况，一方面，宣传党和国家各项法律法规，引导群众依法办事；另一方面，协助调解各类社会矛盾纠纷，为社会安定和谐保驾护航。哪家闹点矛盾纠纷了，服务队会主动上门做思想工作，认真听取群众诉求，积极调解矛盾纠纷，深受群众称赞。

四是创立文体活动宣传队，切实提升村民素质和乡风文明水平。加强村文化队伍建设，积极吸纳村里的文艺爱好者加入，宣传队对参加者统一管理，并建立文体活动工作档案。定期组织村民开展各项问题娱乐活动，既树立了文明村风，又丰富了村民的文化生活。

五是创立关爱救助帮扶队，尽量满足老、残、病、困家庭需求。由队长带领队员们定期走访村内低保和困难家庭，及时了解和掌握他们的生活和生产情况，开展帮扶救助活动，包括送书、心理疏导、健康讲座等。

五大连池市委组织部利用华泰兴成信息高科技研创的党建办公云平台，不仅实现对辖区内的组织、机构、人、事、物等相关信息“一张网”全覆盖智能化管理，也为新时代党建工作由“虚”向“实”并引领农村基层社会治理创新树立了样板。专家认为，五大连池市委组织部的做法指导意义大，值得借鉴推广。

（文/李 峰 马 群 方 贺 左传文）